アラン

定義集

森 有正 訳
所 雄章 編

みすず書房

DÉFINITIONS

by

Alain

First published by Les Éditions Gallimard, Paris, 1953

アンリIV世校で教えるアラン（1925-30）．『定義集』はここから生れた．

et que j'ai dû recomposer, à un moment où j'allais, contre les Sillonnistes, ramasser toutes les pierres du chemin. Je veux bien avoir des passions, mais je ne veux pas les approuver. Jeter des pierres, passe encore ; mais des idées, non.

Descartes dit quelque chose de très profond : « Comme nous avons été enfants avant d'être hommes ». Nous commençons par voir mal les choses, et par nous enivrer de signes. L'enfant remarque l'uniforme des pompiers et le chapeau de gendarme. L'enfant remarque la puissance des cris, la puissance de l'or, les esclaves qu'il a, et les jugements de la famille. Il voit mal toutes choses, et s'habitue à les voir mal. Toute image qui réveille l'enfance ressemble ensuite à ces cristaux jetés, autour desquels des chaînes de cristaux se forment ; elle est magique ; et l'idée se forme en arbre avant que nous y ayons seulement pensé. Au choc des choses, l'instinct répond par les mensonges de l'histoire, et par tous les serments qu'il s'est faits. Ainsi l'esprit est noué à chaque perception vive ; et c'est pourquoi on fait sagement peut-être, en ne colorant pas trop les idées que l'on veut remettre au banc d'épreuve, et démonter et huiler, et remonter comme il faut. Il est sans doute nécessaire que la géométrie soit ennuyeuse, afin que l'enfant ne se couche pas tout de suite dedans et sur le ventre, comme après son bain. On peut être fort irrité par dessus tout ces fulgurations de niaiserie qui éclairent diaboliquement la route. Les erreurs ont toutes une force d'évidence contre laquelle il faut lutter par ruse, détours et analyse. Il faut dire : toutes les idées qui se présentent sont fausses.

アランは1906年から1914年にかけて「ルーアン」紙に『プロポ』を連載した．その数は三千回を越える．上の写真は1910年頃のもの．

目次

原書出版者の序

アランは定義することをきわめて高く評価していた。かれはアリストテレスの定義を引用しては、それがいかにも巨匠にふさわしいものと考えていた。かれはまた、デカルトやモンテスキューやカントなどからも、その場その場に適した定義を見つけ出すのであった。アランは、一つの共通観念の、その観念の本質にまで還元された、簡潔な提示が、その提示の単なる厳密さだけで、イデオロギーとは関係のない、また論争によっては接近することのできない、静かな力勁さを獲得してゆくのを讃嘆するのが常であった。それこそ、凡ての真正の反省の範型であり、源泉なのだ。

アランの学校教師としての最後の数年間（およそ一九三〇―一九三三年）に、かれの教えを受けた者は、かれが教室でどういうふうに定義を即席に綴ることを生徒に課したかを語っている。綴られた定義はその場で読みあげられ、検討され、補足され、訂正されたのち、力勁い句となって黒板の上で完成されることが多かった。それを記憶している者は多い。アランは書いている、「この練習は、私の創始したいちばんよい練習であった」と。

アランはある年代のはっきりしない時期に（おそらく一九二九年から一九三四年にかけて）一語につい

て一枚ずつの約五百枚のカードを作製していた、もしくは作製させていた。偶然とその場その場の気まぐれも大いに手伝ったらしく、語の選択にはなんら一貫した方針はみられない。ときおり、アランは一枚のカードを手にとって、あの力づよい書体で、書き損じもなく、一つの定義をつくったのである。残念なことには、空白のままのカードも残っている。

これらの定義の一部は、『メルキュール・ド・フランス』（一九五一年十二月一日付）に発表された。その全体は、いま、ここに、初めて公けにされるのである。

訳者のことば

本書は、その慎ましい外観にもかかわらず非常に重要な作品である。ここに提示されているのは、フランス中等教育の精髄である作文の典型であり、中学の教師として一生を終えたアランの本領を示すものである。ものとことばと思想との関連を実によく示しているものとして、千百のフランス思想の解説書よりも価値の高いものである。

原著は、パリのガリマール書店から一九五三年に刊行された。語と文とがものそのものと同じ重みをもつことを、われわれは本書によって学ぶのである。

本稿では注はいっさい省いたが、将来一冊にまとめる際に付したいと考えている。

数年前、本書を訳しはじめたとき、多大の援助を与えて下さった二宮敬氏に厚くお礼を申上げる。

森　有　正

編者のことば

アランの『定義集』(Alain, *Définitions*, Gallimard, 1953) の、森有正氏による、翻訳 (未完) である。未発表の草稿をも含む氏の翻訳を一冊の書物としてまとめるために施した編集上の措置については、「編集後記」をご覧いただきたい。

なお、辻邦生氏と編者との対談「森有正と〝定義〟とアランと」を、本書の解題ないし解説に替えて、巻末に添えることにした。故人への憶いの、今、新たなものがある。

一九八八年三月

所　雄　章

定義集

落胆―ABATTEMENT―〔・意気の喪失〕

思いがけない衝撃に引続いて起る状態で、〔原因が〕段々に積み重ねられることによって起る失望〔ACCABLEMENT〕とははっきり違うものである。落胆は自然と起るものであり、それに藉すにその時間の経過をもってするのがよい。それは休止の時間として作用する。

絶対的―ABSOLU―

純粋で、分離され、混合、従属、関係などのないものについて言われる。絶対的安全、絶対的無私〔DÉSINTÉRESSEMENT〕、絶対的絶望、などというのはそういう意味である。絶対的は、相対的に対立する。絶対的運動とは、種々の関係や標準などからは独立に存在する運動のことである（そのような運動はけっして存在しないといってよかろう）。相対的運動は、選ばれた一群の想定された不動の点に対しての運動なのである。これらの点が運動していれば〔はじめの〕運動は休止に変ることもありうるのである。地球を休止させれば、天文の現象は太陽の運動によって説明され、太陽を休止させれば、同じものが地球の運動によって説明される。絶対的な性格〔Caractère〕が道徳〔MORALE〕に賦与されるのは人が絶対的価値〔VALEUR〕すなわち意見や情況によって左右されない価値を求めるところからきている（ここでの不徳〔VICE〕はあそこでの徳〔VERTU〕、という懐疑的な〔: SCEPTICISME〕主張に対立するものとして）。泥棒に対して約束を守ったテュレンヌは、そうすることによって、絶対的な誠実さ〔probité〕を髣髴させる。

赦免〔ABSOLUTION〕

これは裁く人〔arbitre〕の下す宣告である。誰も自分に赦免を宣することはできない。そこで人はみな自分を断罪し、そうすることによって自らよしとしている。それは次のように言う怠け者に似ている。《私はなんの役にも立たない。私には何もできない。私は何にもなれないだろう》、と。断罪は悔いること〔REMORDS〕を不可能にする。赦免は悔悟〔REPENTIR〕を考えに入れている。悔悟とは、悔いることを承認することである。だから赦免は思い上った〔orgueilleux : ORGUEIL〕自己断罪の反対である。赦免とは自らを信ずることを禁止することである。

抽象――ABSTRACTION――

これは、無限に複雑で不断に変化する具体的対象に対しておこなう単純化のことである。この単純化は、あるいは行動の必要〔Nécessité〕から、あるいは悟性の要求から、われわれに課せられるものであって、［実際は］何ものも分離されえないのに、分離されたものとして、何ものも休止していないのに、恒常的なものとして、対象の一つの要素を考察することである。

失望――ACCABLEMENT――

これは、大小さまざまの不幸に出会うことから起る希望〔Espoir〕のない悲しみの状態である。失望に対しては次の格言が奨められる、《一度に唯一つのことをなせ》。

事故―ACCIDENT―

これは、予測不能で、ありうべからざることのようにみえる出来ごとのことである。たとえば、列車とちょうど同時に自動車が踏切りにさしかかること。一発の弾丸が飛行士の頭を刎ねること。そこで、あたかもその出来ごとが確率の法則への挑戦〔DÉFI〕であるかのように、人々は宿命〔FATALITÉ〕に罪を負わせる〔accuser〕。そう考えることには多くの真理が含まれている。宿命論〔FATALISME〕に責任を帰することは、起ったことについて、われわれをなだめてはくれる。しかしそういう考えが、われわれを油断させることになってはならない。

一致―ACCORD―

これは、いささかも意志に依るのではない、自然の相互諒解と平和〔PAIX〕である。

讃嘆 ― ADMIRATION ―

これは、崇高なもの〔SUBLIME〕に対して、観衆、聴衆、あるいは読者の心に起る感情〔SENTIMENT〕である。この感情の要点は、それがわれわれに、人類と自分自身とに対して、好意的な〔：FAVEUR〕態度をとらせることである。厭人主義〔MISANTHROPIE〕は、讃嘆に対して要心深くなることである。

讃美 ― ADORATION ―― 〔・崇拝〕

この感情〔SENTIMENT〕は、常に一種の平等〔ÉGALITÉ〕と相互性を前提としている讃嘆〔ADMIRATION〕とは異る。讃美は、讃美される対象を同類よりも高くもち上げ、それに似ようとする希望〔ESPOIR〕を持たないのである。人は、自分の手にはけっしてとどかないと感じている完全な諸性質や優雅な挙措を讃美するものである。

衒い〔AFFECTATION〕——〔・気取り〕

これは、われわれの性格〔CARACTÈRE〕や情感〔AFFECTION〕を表出する際に、ことさらにされるものである。ただし、われわれがそうであると衒うものが、何かの点で、われわれの生来の要素に由来していることが条件である。偽善は衒いではない。しかし人が既に偽善者である場合には、偽善者を衒うことができる。既に率直で〔franc：FRANCHISE〕ある場合には率直を、既に粗野である場合には粗野を、既に軽薄である場合には軽薄を、衒うことができる。人は自然で単純であることさえも衒うことができる。

情感〔AFFECTION〕

われわれの思念、われわれの計画、われわれの意志決定〔RÉSOLUTION〕において、愛または憎しみ〔HAINE〕、喜び〔joie〕または悲しみをどれほどかの程度に帯びている、すべてのものである。憂鬱は一つの情感である。羨望は一つの情感である。幻滅は一つの情感である。

悲嘆――AFFLICTION――

憂悶〔chagrin〕の一段と昂進したものであって、人間の悪意からというよりは、むしろ自然に起る不幸（病気、虚弱、誰かの死）の連続に由来するものである。

不可知論――AGNOSTICISME――

これは、知ることができないと諦めている〔se résigner : RÉSIGNATION〕人間の状態である。たとえば神、来世、魂が存在するかどうか知ることができない、或いは物自体が何であるか知ることができず、われわれの感覚に及ぼす結果によってだけそれを知ることなどである。それは懐疑論者〔: SCEPTICISME〕の態度に非常に近いが、不可知論者の態度は懐疑論者の態度よりも穏やか〔paisible : PAIX〕であるという違いがある。懐疑論者は、人は何事も証明する〔prouver : PREUVE〕ことができないということを、疲れることを知らずに証明しようとするのである。不可知論者は普通曖昧で不確かな物事については、自分の心を乱したり、他人を不安に陥れたりしないことを道徳〔MORALE〕

と心得ている。そのことは結局憎しみ〔HAINE〕、野心〔AMBITION〕、貪欲〔AVIDITÉ〕などを鎮めることになる。不可知論者の道徳は、独断論者〔: DOGMATISME〕の狂信〔FANATISME〕とは反対に、中庸〔moderation〕と平和〔PAIX〕とから成立っている。

警戒（心）―ALARME―

これは、本来は陣営或いは町において各人が、始めは理由も判らずにただ流説によって目覚め、武装している状態のことである。それゆえにこの言葉は、自分の中にすべての闘争機能があわただしく配備についていることを感じている個人の、急激な覚醒を正に意味している。心臓〔Cœur〕は一層早く打ち、呼吸は短く逼迫し、筋肉は、明らかな理由なしに、緊張したり動いたりする。時として一つの叫び声が彼を警戒状態に陥れるが、普通はこの叫び声の結果である混乱しか知らないのである。自分の名前を呼ばれた人は警戒心そのものによって目覚め、それから自分の名を聞きわけるようになる。

愉悦（の念）―ALLÉGRESSE―

これは、十分な栄養と蓄積されたエネルギー〔ÉNERGIE〕から起るところの、思考を欠く、情緒〔ÉMOTION〕である。たとえば「若きパルク」の散策は愉悦そのものである。愉悦を他の種類の喜び〔joie〕から区別するものは、喜びの観念が起ると同時に行動がなされるという点にある。人は、非常に立派にやれることを知っている事柄においては愉悦の念に満たされる。学ばねばならぬ事柄においては愉悦の念は起らない。また、他人と共同の場合にもこの情緒は起らない。たとえば、ダンスではこの情緒は起らない。ダンスには注意、羞恥、服従、制御された欲望〔DÉSIR〕、消去された思考などが存在している。愉悦には要心というものがない。

他人本位―ALTRUISME―

これは、自分本位〔ÉGOÏSME〕の反対である。それは他の人々のことを考え、彼らが何を思い、何を感じ、何を希望し、何を欲するか、何を欲するはずであるか、何を我慢できないだろうか、などのことを自分の問題にする心構えである。それは他人の位置に自分を置き、彼らのように感ずること（共感）である。したがって、他人が表明する、或いは他人が表明するだろうと考える讃嘆〔Admiration〕や非難によって、激しく影響されるものである。この種の友情〔Amitié〕なしには、世界には社会〔Société〕というものは全く存在しない。ただしそれは、他の人々のことを考えはするが、彼らの感情〔Sentiment〕を度外視している組織しようとする意志とは、非常に違うものである。国王は分別があってしかも他人本位でなくあることができる。また時としては、たしかに有益である改革に世論が反対であることを国王が知るとき、他人本位は彼を分別ある態度から背かせることもある。

野心――Ambition――

これは、われわれの行動が抵抗に出会うときに起る怒り〔Colère〕という情緒〔Émotion〕から生れる情念〔Passion〕である。しかし野心という情念は、すべての情念と同様に、われわれの欲望〔Désir〕を邪魔したり、或いは全くそれを無視するとわれわれが知っている人々に対してだけ増大するものである。その時われわれは、説得したいという欲望と強制したいという欲望との間に分裂する。人は愛の中には野心があることに気がつくだろう。また野心は他人を尊重〔ESTIME〕することを含んでいることにも気がつくだろう。何となれば、他人から賞められれば人は得意になるからである。しかし人が他人を強制しようとするかぎり、人は他人を軽蔑し〔: MÉPRIS〕ていることになる。そしてこの苛立たしい矛盾が野心という情念を定義するのである。この情念を克服する感情〔SENTIMENT〕は、誓って自分の同類を愛し尊敬することから起ってくる。そのことは同類の目を開かせるようになる。慈悲〔CHARITÉ〕とはこの気高い野心にふさわしい名である。

魂――ÂME――〔・心〕

魂とは肉体を拒否するなにものかである。たとえば、肉体が震えるとき逃げることを拒否するもの、肉体が苛立つとき打つことを拒否するもの、肉体が渇くとき飲むことを拒否するもの、肉体が欲するとき取ることを拒否するもの、肉体が恐れ〔horreur〕るとき放棄することを拒否するものである。これらの拒否は人間の事実である。完全な拒否は聖性である。従う前に吟味することは知慧〔SAGESSE〕である。そしてこの拒否する力こそ魂である。狂人〔fou〕はいささかも拒否する力を持っていない。彼はもはや魂を持たないのである。人はまた、狂人はもはや意識〔CONSCIENCE〕を持たない、という。そしてそれは正しい。打つためであろうと、逃げるためであろうと、或いは単に喋るためであろうと、自分の肉体に完全に譲る人は、彼が為すこと、彼が言うことをもはや知らない。人は、自己の自己に対する対立によってのみ意識*を持つ。実例、アレキサンドルが沙漠を横切って行ったとき、誰かが水のいっぱい入ったかぶとをくれた。彼は、感謝したが、全軍の前でそれを地面に流してしまった。広量〔MAGNANIMITÉ〕〔大きい魂〕。魂すなわち大きい魂、卑しい〔vil: AVILISSEMENT〕魂というものはない。人は魂を欠くに過ぎないのだ。この〔魂という〕美しい言葉は、断じて一つの存在を意味するものではなく、いつも一つの行為を意味している。

* 〈編者の注〉「意識」とのみ訳されている〈CONSCIENCE〉には「良心」という意味もあり、ここにはその意味も踏まえられていると思われる。

友情｜AMITIÉ｜

これは自己に対する自由で幸福な約束であって、自然の共感を、予め、年齢や情念〔PASSION〕や相剋や利害や偶然を越えて、変ることのない一致〔ACCORD〕にまで、変えることである。普通それは言葉には出されないが、人は友情の結果を見、友情に絶対的に〔:ABSOLU〕信頼を置く〔se fier〕。そこからいかなる駆引もない会話や判断の自由が可能になる。逆に、条件付の友情というものは人を喜ばせることができない。

愛｜AMOUR｜――〔・愛情〕

この言葉は一つの情念〔PASSION〕と一つの感情〔SENTIMENT〕とを同時に意味している。愛の開始は、そして人がそれを感ずる度にそれは、いつも一人の人間の存在或いは追憶に結びついた、一種の愉悦〔ALLÉGRESSE〕である。人はこの愉悦の念を危ぶむことができるし、また常に幾分危ぶんでいる。何となればそれは、他人に依存することだからである。少し反省してみると、それは一人の人間がその思うがままにわれわれを幸福で溺れそうにさせたり、われわれからすべての幸福を取去ることができるということから起ってくるこの恐怖〔terreur〕を増大させる。そこから、何とかして、今度は、こちらがこの人間の上に権力を揮おうとする愚かしい〔fou〕企てが生れてくる。相手が自らの側で感ずる情念の運動は、こちらの状態を一層不確実なものにしてしまう。そうした合図の交換は一種の狂気の沙汰〔folie〕になり、そこには憎しみ〔HAINE〕が入り込み、またその憎しみに対する後悔〔REGRET〕、愛に対する後悔、さては様々な思考と行動との、常軌を逸した激発が始まる。結婚と子供たちとはこの熱狂状態に終止符を打つ。いずれにしても愛するという勇気〔COURAGE〕(自由意志の感情)は、忠実〔: FIDÉLITÉ〕であろうとすることを多少とも明らかに誓うことによって、すなわち疑いの中にあっては相手を好意的に〔favorablement : FAVEUR〕判断し、愛する対象の中に新しい美点を発見し、自分もこの対象にふさわしくなろうと誓うことによって、われわれをこの憐むべき情念の状態から引き出してくれるのである。こういう愛こそは愛の真の姿であって、人の知るように、肉体から魂へと高まり、いな、むしろ魂を生み出し、それを、愛自身の魔法によって不死のもの〔immortel : MORTEL〕にするのである。

自尊心 ― AMOUR-PROPRE ―

自分を愛することがなく、自分に対して苛々する、これが自尊心である。それはすすんで非難に立向う。それは言う、《人がわたしのことを何と考えているかは、わたしがよく知っている》と。どんなに賞讃されても彼が満足することはけっしてない。それは不幸な愛である。

天使 ― ANGE ―

これは使者、幸福な使者、待たれた使者、歓迎される使者である。天使は老人ではない。天使は学者ではない。天使はただ新しい〔nouveau〕時を告げにやってくる。天使は裁判しない。天使は赦し〔pardonner : PARDON〕もしない。かれは喜んで与える。かれがもたらすものは証拠〔PREUVE〕ではない、それは一つの音信《おとずれ》〔nouvelle〕だ。あなたの髪の毛をなおしてくれるときのように、かれは単純に言う、《こんなことではいけない。あなたは呪われてもいないし、悲しんでもいない。あなたは無用な者でもなく、勇気〔COURAGE〕も欠いてはいない。わたしがそれを言うのは、わたしがそれを知っているからだ。ところがあなたにはそれが判っていない》。天使は議論をしない。

苦悩――ANGOISSE――〔・苦悶〕

呼吸を止めるほどの極度の注意の結果であって、そういう結果を意識する〔remarquer〕と、ますますひどくなる。それを解決する方法は動物〔animal : ANIMALITÉ〕のように呼吸をすることである。それは溜息である。

動物性――ANIMALITÉ――

〔闘牛用の〕種牛、動物性の象徴。理性は闘牛に対しては何をすることもできない。それどころか、合理的に計算されたことは、その計算とは反対の反応を引起す。槍先もそれを止めることはけっしてできない。闘牛を恐怖〔PEUR〕させることは不可能である。闘牛に十分弁えられた利害を納得させることは不可能である。それゆえ人間は、自分自身の情念〔Passion〕を前にして激昂する〔furieux : Fureur〕ようになる。知慧〔Sagesse〕も彼を激昂させ〔exaspérer〕、自分自身に絶望させる役目を果すに過ぎない。人間が不合理になるのは、理性を使用しようとすることによってである。二人の人間がいると、どちらも相手に相手のほうが誤っていると証明し〔prouver : Preuve〕ようと努める。それは相手を激昂させ〔exaspérer〕、それが反射して〔par répercussion〕自分自身が激昂〔exaspérer〕する。かれは次のように一人ごとを言う、《わたしが筋道の通ったことを言えば言うほどあいつはますます怒る〔être en Colère〕》。それで、無意味に見える間接的な方法をとる必要〔Nécessité〕が出てくる。たとえば、誤っている相手に大幅に譲歩し、彼の詭弁〔sophisme : Sophiste〕を正しいものと認めることである（無意味ではあるが、しかし有効な、ある種の外交交渉を見よ）。焼栗屋は、何も売ったことのない人よりも情念というものをもっとよく知っている。

心配—ANXIÉTÉ—

苦悶〔Angoisse〕に似た一種の危懼〔crainte〕であるが、次の点において苦悶とは異る。すなわち心配においては生理的感動〔EMOTION〕はより少なく感ぜられる。しかし医者には常にそれを発見することができる。苦悶には一種の不快感〔malaise〕がある。心配は、それを感じている当人には危懼する理由が説明することのできない力で次から次へと出てくる一つの精神状態のように思われる。そして何を危懼しているのか判らないときでさえも、心配はやはりその根底において〔血液の〕循環の攪乱から起る精神の一種の状態である。しかし、心配に捉われている人はそのことについて何も知らない。

無感動——APATHIE

字義どおりには情念〔PASSION〕の欠如を指す。或いはさらに一般的に、人をして何事にも興味を感じないようにさせ、こうして人を考えたり或いは行動したりするためにいかなる種類の運動をすることも不可能な状態におかせる、感受性の欠如である。そしてそこに含まれている観念は次のようなものである。行動はいかなる種類のものであっても刺戟的な動機と下級の利害とを前提とする。高級な動機は、最初はわれわれを不活潑にしまた無関心にしておく。たとえば、或る有益な産業は、惨めな隣人をびっくりさせるためだけに発達させられる。羨望が詩人に拍車をかける。それゆえに無感動は一つの徳〔VERTU〕ではない。言い換えると、それはすべての徳を消し去る一つの徳である。

嗜欲―APPÉTIT―

これは自然の欲望〔DÉSIR〕、すなわち必要〔BESOIN〕によって調整され、精神の混じっていない欲望である。たとえば権力への嗜欲は、全く無邪気〔naïf : NAÏVETÉ〕で気質〔TEMPÉRAMENT〕にだけ依存し、傲慢〔ORGUEIL〕も軽蔑〔MÉPRIS〕もない、一つの野心〔AMBITION〕を定義する。金銭への嗜欲は、それを考えずに金をもうけ、それを蓄積する一種の吝嗇〔AVARICE〕である。嗜欲は全く無邪気なものである。

専念―APPLICATION―

これは、反省の加わらない、距離を持たない注意である。対象は専念を支配する。人は、対象のすべての部分と同時に在ろうとする。それは、傲慢な〔: ORGUEIL〕人間にあっては徳〔VERTU〕であるが、実行をためらっているのに、実行するという誓いを立てる人間にあっては、一種の不徳〔VICE〕である。専念は一種の思考の拒否である。《わたしは、然るべきように、ギロチンで人を殺す》。官庁事務は専念の誓約である。

思いあがり〔ARROGANCE〕

これは自分で一人占めにしようとすること〔s'arroger〕、言い換えれば自分のために要求することである。それは他人に自分のことをさせようとする心構えであって、他の要求者のことを考慮さえしないことである。この言葉の正しい意味あいは次のようなものである。この言葉は、或る種の怒り〔COLÈRE〕を繰りひろげることを意味する。その怒りは、好意〔FAVEUR〕を与える人々にも、それを希望する〔espérer〕人々にも、等しく働きかけようとするものである。それゆえに、思いあがりが成功することはほとんどないし、したがってそれは、ほとんど常に滑稽なものになるのである。

連想〔・観念連合〕―ASSOCIATION DES IDÉES―

これはわれわれの観念の機械的な過程、ほぼ夢想の中やまどろみの中や夢〔RÊVE〕の中に、要するに意識的な〔volontaire〕思考がもはや行われない全ての場合に認められるような過程を説明する、われわれの精神の一種の法則〔LOI〕である。外見上、観念というものはその類似性によって、或いはそれが普通置かれている近接性によってたがいにつながりあう（りんご、オレンジ、土地。機関は習慣〔coutume〕の力によって蒸気機関をひき出す。シャポー〔帽子〕はシャトー〔城〕を、バロン〔男爵〕はバロン〔気球〕を想わせる、など）。もっとよく見ると、次のことが判るだろう。つまり、観念の連鎖は、大部分、実は語の連鎖、換言すれば運動の連鎖なのだということで、一歩が次の一歩を引きおこし、ピアニストの一つの運動が次の運動を引きおこすのと同じことなのである。凡ての観念の連鎖は、或いは動作の、或いは脳髄さえもの、継起する運動の結果だと考えるのは道理にかなったことである。これは仮定にすぎない。観念連合の事実は、一つの観念が、しばしば理性的な関連なしに、また単に先行し、了解され、再現された繰返しの結果によって、他の観念を考えさせることを意味するのである。この種の連関を、人は迷信と呼ぶ。

保険｜ASSURANCE｜

これは賭〔LOTERIE〕の反対である。すべての人々がおのおのの人に対して、偶然の損害、たとえば若死、長期の病い、道路の事故〔ACCIDENT〕、盗難、火災などを償うために協力する。保険はなんぴとも不幸の賭によって損をしないようにするものである。

大胆｜AUDACE｜

これは運動における勇気〔COURAGE〕である。しばしば人は全精神を奪う行動によってしか恐怖〔PEUR〕を克服することができない。そしてこの行動が開始されるやいなや、可能なことと不可能なことに対する一層確かな見解が生れてくる。ナポレオンの騎兵隊はしばしば不可能であると判断された道によって目的地に到着した（モスクワやクラオンの戦い）。大胆は、大胆な人を安心させ、用心ぶかい人を驚愕させる。大胆と向う見ず〔Témérité〕との間には、ごく僅かな差違しかない。大胆とは、規律され、あるときには意志的に発揮される、向う見ずである。大胆の中には、果敢〔Hardiesse〕の中におけるよりも一層多くの精神が宿っている。大胆はむしろ指導者の資質である。

吝嗇―AVARICE―

これは恐怖〔Peur〕の感動〔Émotion〕から起って来る情念〔Passion〕である。それは年齢や病気によって衰弱した人々に固有のものであって、彼らにあっては恐怖は怒り〔Colère〕に変化しない。もし怒りに変化すれば、それはある種の野心〔Ambition〕に導いてゆくであろう。吝嗇な人間は、恐怖し、恐怖することを恐怖する。そこから彼は防禦用の物、準備用の物〔précautions〕、また備蓄品を蓄えるようになる（金は一種の備蓄品である）。吝嗇の中には先見の技術と隠匿の技術とが入って来る。一種の野心もまた、そこに入って来る。何となれば、吝嗇な人間は他人を支配しようとするからである。しかし同時に彼は少しも他人を信じない。吝嗇には限界というものがない。何となれば、事実においてはいつでも恐怖する〔craindre〕可能性があるからである。吝嗇な人間を救う思想は、博愛的な決心〔Résolution〕によって彼が自己の周囲に秩序と先見とをできるだけ拡げようとする時の、その秩序と先見との思想である。このようにして安全を保証する要素を発見し、彼は秩序と仕事とを愛し、最後には図書館、病院、消費組合、保険〔Assurance〕、その他これに類するものを建てるに至る。しかしこの博愛的感情〔Sentiment〕は、反射〔Réflexe〕的な用心深さ〔précaution〕の力によって再び吝嗇に堕してしまうことがしばしばある。

自白―AVEU―

これは、仲間の前で過失〔Faute〕を承認することである。自白なしには、裁く人〔arbitre〕にとって、過失というものは存在しない。何となれば、動機が認識できないからである。そこにあるものは単なる規則違反〔infraction〕に過ぎない。

貪欲―AVIDITÉ―

保存しようとするよりも、むしろ、取ろうとする欲望〔DÉSIR〕である。それは濫費する性格と非常によく結びつく。また自分のもっているものを忘却することとも結びつく。

卑しくなること―AVILISSEMENT―

売る、ということは卑しい〔vil〕ことであり、さらにその本来の意味の拡張によって、高い値をつけないことをいう。卑しくなることとは、一人の人間が、自分を売るにしたがって価格を下落させることによって、その人の中に起ってくる変化である。奴隷は卑しくされた〔avili〕ものである。しかし、自分を卑しくする〔s'avilir〕ことは、さらに悪い。それは献身的な行為〔DÉVOUEMENT〕や友情〔AMITIÉ〕から出る他のすべての行為に、公然と値段をつけることである。こうして売られた献身を誠実〔SINCÉRITÉ〕に行うことは、いっそう人を卑しくするものである。高邁と独立との外観に利害が混入するたびに、人は一段と卑しくなる道を下りてゆくのである。

洗礼―BAPTÊME―

これは一つの礼典〔SACREMENT〕（儀式）であって、それによって子供（あるいは外人）が、彼に何の負うところもない人々によって厳かに、積極的に、また精神的に、要するに高邁な精神をもって、受入れられるのである。

おしゃべり―BAVARDAGE―

これは、会話がメカニックと化したものである。相手に言葉〔parole〕を取られないために沈黙の時間を満たす必要〔Nécessité〕は、人がおしゃべりにおいて認めるところである。おしゃべりは、この絶えずつきまとう心配〔souci〕によって、何でもかまわずに話し、しまいには疲れきって、諦めて〔:RÉSIGNATION〕、相手の言うことを聞くようになるのである。

美しさ［BEAU］――〔・美〕

すべての判断に先立ってわれわれをそれに対して好意的な状態に〔favorablement : FAVEUR〕置く人間並びに事物の外見。美しい詩句は、それによって表現されている思考も正しい〔: JUSTICE〕に違いないとわれわれに告げる。美しい顔はなにか卑しい〔: AVILISSEMENT〕考えがその下にあると想像する〔supposer〕のを妨げる。美しい行動と呼ばれるものは、それが理性と正義〔JUSTICE〕とに基づいているかどうかが見分けられる前に、その行われ方によって人の心を感動させる〔transporter〕行動である。こういうわけで美〔BEAU〕の感情〔SENTIMENT〕の中にはある普遍的な〔: UNIVERSALITÉ〕ものが存在する。それは、人が始めはそういうものとして認知できないにもかかわらず、説明された、あるいは証明された〔prouvé : PREUVE〕、一つの思考に似ているものである。

美―BEAUTÉ―――〔・美しさ〕

醜さ〔LAIDEUR〕はすべて、ぎごちなさ〔disgrâce〕、小心〔TIMIDITÉ〕、激昂〔FUREUR〕、時期を失した、また自分自身と矛盾する、試みから起る。たとえば、人が打つのを欲していないまさにその時に打つようなことは、筋肉組織を、そしてまた神経組織〔の調和〕を破る。流動的で反動を伴わない行動のためには、種々の神経の命令作用の調和が必要である（それらの神経作用はおそらく律動的なものである）。言い換えれば、作用を強めることが必要であり、それは筋肉について言えば、各々の部分がすべての部分に協力するという意味である。たとえば、斧を打ち下すためには、一方で腕の用意をしながら足と膝と腰とをまずしっかりさせなければならない。その準備としてはまず神経を整えることであり、それから効果が律動的に堆積されていく間、それの調和を実現することである。出だしはあたかも何の重味もかかっていないかのように、抵抗のない状態から始まる。実際、人体の形があらゆるところに拡がってゆくこの意志を表現している限り、それは美しいもの〔BEAU〕である。

祝福―BÉNÉDICTION―

これは、文字どおり善〔BIEN〕を述べることである（呪咀〔MALÉDICTION〕は悪を述べることである）。それゆえに祝福は、将来、現在および過去に対してさえも、子供や息子や兄弟や仲間に向って相手を善良で自由な人間であると判断し、彼に信頼〔CONFIANCE〕し、また単に彼に属することだけではなく、彼の企てることが、その企て自身が立派なものであることは勿論のことだが、将来ますます良くなってゆくであろうということである。祝福はそれゆえに、慈悲の心〔CHARITÉ〕から出るものである。祝福はまた、非難や譴責〔REPROCHE〕のあとで、また別離に際して、自然に起ってくるものだが、それはまた慈悲の一つの手段である。祝福は、状況から独立し、またそこから独立しようとしている点で厳粛なものであり、揺がない信仰〔FOI〕を確言するものである。父と子と聖霊との名によって、という式文はきわめて明瞭な意味を持っている。それは人を励ますために次のように言うことである。わたくしはお前を祝福する。何となれば、お前は自由な精神に参与しているから。わたくしはお前を祝福する。何となれば、お前はその本性上わたくしの兄弟だからであり、またわたくしは、人間は精神に仕えることができると信ずるからである。わたくしはお前を祝福する。何となれば、お前は徳〔VERTU〕と理性とがその反対のものと同じように可能であり、宿命〔FATALITÉ〕などというものは存在しない世界に生きているからである。

欲求｜BESOIN｜――〔・必要〕

これは、ある欠乏を感じていて、そのことを考えないではいられない人間の状態である。しばしば思想の純粋の結果であって、まず空想によって養われる欲望〔DÉSIR〕の中には、一層多くの自由がある。しかし欲望はしばしば欲求に変化する。特に欲望の対象を得て、ふたたびそれを失うようになるとそれが起って来る。たとえば、非常に報酬のよい地位に対して、人は初め欲求よりもむしろ欲望を持つものである。しかしこの地位を手に入れると、それを失うことになる場合、その欲望を欲求のように感ずることになるのである。こうして自然ではない欲求が無数に在ることになる。

馬鹿なこと―BÊTISE―

正確に言うと、われわれの動物〔animal：ANIMALITÉ〕（われわれの身体）が、それが訓練されていない場合、ひとりでに行うようなことである。馬鹿なことは、それが言葉〔parole〕に現れた場合、行動に現れた場合よりも、より多く人に不快の念を与える。人は誰でも、言葉というものはしばしばひとりでに動くことを知っている。このことがよく判ると、馬鹿なことはもう誰も傷つけなくなり、人を笑わせるようになる。

善―BIEN―

これは、義務〔DEVOIR〕の方式である。しかしこの方式はすべての人に共通であり、各人の行為を外側の結果に従って規律するものである。たとえば、病院を建てるのは善である。ゆえに人はこの方法によって義務を果したと確信するのである。しかし復讐することは、それがたとえ義務でありえても、善であるとは言われないであろう。そのわけは、この義務からあらゆる種類の悪が、結果として起って来る恐れがある〔risquer〕

からである。こうして善は共通の善、すなわち誰からも非難を受けないものを意味するようになる。そこから病院、図書館その他の施設が善と言われるようになる。一人の女が、無知な人々に読書によって知識を与えなければならないと考え、自分の時間を、本を集めそれを管理するためなどに費さなければならないと考えることは、もっともなことである。知らず知らずのうちに彼女は一個の図書館を建てることになり、それは一つの善となるであろう。しかしこの手本に従って図書館を建てる博愛家は、自分の義務を果すことから、また自分の義務を知ることからさえも、非常に遠ざかっていることになる場合がある。こうして善は、本当の慈悲の心〔CHARITÉ〕なしに、金と使用人とによって自然に営まれてゆくのである。そこから善という言葉が財〔biens〕ということにまで拡がってゆくのがわかる。

恩――BIENFAISANCE――

〔恩という言葉〕は善〔BIEN〕〔という言葉〕から由来し、その意味の全部を表現している。すなわち恩とか恩人とかいう言葉は、あらゆる高邁な感情〔SENTIMENT〕の観念をしりぞけるのである。それは、一般に承認された方式による財〔biens〕の管理に過ぎない。治療所の経営は、恩ということの一つの結果である。しかしそれは、自分の休息の時間を病人の看護に費す財産〔biens〕のない人間の献身的な行為〔Dévouement〕とは関係のないものである。

行儀の良さ――BIENSÉANCE――〔・たしなみ〕

着席して参加する儀式におけるきちんとした態度、さらに拡張して、行列の中におけるそれをも意味する。

好意――BIENVEILLANCE――

これは、初めて会った人に向って示される一種の楽天主義〔Optimisme〕である。楽天主義と同じように、好意は性質と意志とから、同時に、出るものである。好意のある人は不機嫌を恐れ〔craindre〕、不快な気持にされないように用心する。しかしその上に彼は、この賢明な〔sage：SAGESSE〕措置を繰返し執り、それを是認する。彼は誰に対しても信用貸出をしなければならないこと、そして相手が功績〔MÉRITE〕を持っている場合には、それを明らかにするための唯一の方法であることを認めている。それゆえに好意は、自分自身に対する、また他人に対する小心さ〔TIMIDITÉ〕の治療薬である。好意の中には幾分かの愉悦〔ALLÉGRESSE〕がある。

粘液質（の人）――BILIEUX――

〔粘液質の人〕は、背が低く、筋肉が貧弱で、髪の毛が黒褐色でちぢれており、顔色はばら色と黄色との中間をしており、自分自身のことにかまけ、不機嫌になりやすく、むっつりしており、したがって、愛情深く〔affectueux：Affection〕また疑ぐりやすい。彼は友人に対し、また自分の計画に対して忠実で〔：FIDÉLITÉ〕ある。彼は真面目さ〔SÉRIEUX〕と優れた注意力とによって他人に優越する。何となれば、彼を支配する法則〔Loi〕は、一度彼に興味を起させたものは彼にとって神聖なものになる、ということだからである。粘液質の人の情念〔PASSION〕の一つが怨恨であり、人々の憶い出が彼の社会

〔Société〕的な徳〔Vertu〕であることは理解されるところである。

粗暴(さ) ― BRUTALITÉ ―

最初の一撃がうまくいかないと、それは打撃を与えようとした人に返って来て彼を苛立てる。そこで第二撃がますますうまくゆかないことになる。嚙みつこうとする犬はこういう光景を見せてくれる。粗暴は自分自身に作用するもので、他人には付随的に作用するものである。このことは打ち方のうちに現れるものであって醜い〔: Laideur〕ものである。犯罪〔Crime〕におけるまずさというものを理解しなければならない。刃物を二十回振りまわすことは、迅速で的確な一撃よりも意志が欠けていることを証明し〔prouver : Preuve〕ている。

しばしば情念〔Passion〕の反動は他人を捩ろうとして自分を捩る身振りによって粗暴になる。それは自分に対する束縛であり、奴隷化された試みである（歯ぎしりをしたり、手を傷つけたり、のどをからしたりすること）。無能なかんしゃく〔Fureur〕。暴君というものは粗暴ではないということを指摘したい。彼は迅速に命令を下す。彼を殺害しようとする人が粗暴さによって行動する限り、とても勝負にはならない。

讒謗—CALOMNIE—

讒謗は、人が、すべての人間に対する人間嫌い〔MISANTHROPIE〕の結果、設定する想定である。架空の行為に対する讒謗は虚言〔MENSONGE〕である。しかし、動機に関する讒謗は、人間嫌いそのものとちょうど同じ程度だけもっともらしいものである。讒謗はけっして途中で止らず、それ自身で下落してゆく。人はついに人間全体を否認するようになる。讒謗の毒は、それが何人もそれから遁れえないことが明瞭である、という点にある。

性格—CARACTÈRE—〔・性質〕

これはわれわれに十分知られている人間に対して、われわれが下す判断であって、しかもその判断は、すべての人の判断に、それがわれわれにとって可能なかぎり、一致させられて、なされるものである。たとえばわれわれは次のように言う、《彼は怒りっぽい。しかしじきにおさまる》、あるいは《彼は不言実行の若いけちんぼ〔avare : Avarice〕だ》、あるいは《彼は何でも欲しがる》、あるいは《彼は浮気で〔frivole : Frivolité〕怠け者だ》。性格はこういうわけで、言葉自身もそれを意味しているように、外側からわれわれに課せられたものである。そしてわれわれが自分で自分の性格を判断する時には、いつもわれわれはわれわれ自身を、主として人の言うところに従って素描しているのである。それゆえある人は、人からつっけんどんだと思われているがゆえにつっけんどんになり、あるいは残酷〔cruel : Cruauté〕だと思われているがゆえに残酷になり、うぬぼれが強いと思われているがゆえにうぬぼれが強い、ということが起りうるのである。

それゆえに性格の中には幾分の気取り〔Affectation〕と、ある一定の役を演じようとする配慮とがある。しかし後者はわれわれによく似合うように選ばれている。そしてこの自然さの部分もやはり性格の中に含まれるのである。それゆえに人は自分の性格を勝手に変えることはできない。しかし同時に、その性格の中にどうにもならないように閉じこめられていると思い込むこともまた正しくないであろう。何となれば、人々の意見というものは多分に変えうるもので、役割を変えることもまた可能だからである。われわれの自然さと合致する性格はけっして一つに止らない。

慈悲（の心）――CHARITÉ――

これは、同格の仲間を以てその対象とする信仰〔FOI〕である。慈悲は、都合の悪い証拠〔PREUVE〕によってもおめおめ崩されることはない。それゆえに慈悲は、狂人、白痴、犯罪者〔criminel : CRIME〕、不幸な人間のうちにある人間性を尊重する〔honorer〕のである。しかし同時にまた、金持、権力者、浮気者〔frivole : Frivolité〕、正しくない〔injuste : JUSTICE〕者、酔払い、粗暴な〔: BRUTALITÉ〕人間、嫉妬する人〔jaloux : JALOUSIE〕、羨望する人の中にもまた、人間性を尊重する〔honorer〕のである。慈悲は、彼らをすべて好意的に〔favorablement : FAVEUR〕判断し、彼らを助け、何よりもまず彼らを愛するために、それへの手だてを求めるのである。人は慈悲というものが一つの信仰であり、言い換えれば意志的なもので、あらかじめあらゆる種類の幻滅から守られているということを知らない限り、それを正しく理解できないのである。

罰―CHÂTIMENT―

これは、浄化である。罰と刑罰〔peine〕とは非常に違う。刑罰は、苦痛に満ちた強制的な状態で、せいぜい恐怖〔PEUR〕と見せしめとによって効能を示すものに過ぎない。罰はもっと深く、罪人〔coupable〕によって意志された内面の改造を目的とする。罰は少しも強制的なものではない。罰は受入れられ、さらに求められさえもするものである。すなわち、罪を犯す〔coupable〕意志の帰結として、また同時に、ある種の欲望〔DÉSIR〕、ある種の貪欲〔AVIDITÉ〕、陶酔〔IVRESSE〕、怒り〔COLÈRE〕、要するに過失〔FAUTE〕を犯させたものを排除する新しい規律として。

キリスト教的―CHRÉTIEN―

キリスト教的精神は、権力に対する軽蔑〔MÉPRIS〕と、すべての人々を同じように救われるに値するものとして尊敬することと、最後に、あらゆる次元の誘惑を前にした人間の弱さの自覚〔sentiment〕から、貧しさと仕事とを選び取ることとを含んでいる。

キリスト教―CHRISTIANISME―

これは、十字架につけられた精神の涵養《キュルト》〔culte〕であって、そのことは、精神と権力との間の争闘、また、権力に対する反対の態度決定を意味している。人が同時に権力を行使し、かつ自分の精神を救うことができないということは、キリスト教的な格率である（一つの身体の運命〔sort〕に結びつけられた精神が魂というものである）。人が、金持でそして正しく〔juste：JUSTICE〕あることができない、ということも、そのもう一つの格率である。すべての魂が同じように尊い、ということもその一つである。また、傲慢〔ORGUEIL〕と興奮〔EMPORTEMENT〕とはいつも魂を危険に陥れる、ということも、その一つである。

堕落―CHUTE―

いつも情念〔PASSION〕、欲求〔BESOIN〕、疲労によって引きずられる精神の自然の運動である。堕落と贖罪〔rédemption〕との有名な比喩は、堕落と立直りとにほかならないわれわれの［生きる］すべての瞬間を表わしている。実際、神人［イエス・キリスト］は、この困難な人生において従うべき模範である。

文明 — CIVILISATION —

吟味も経ず、意外な驚きもひき起さずに他のところで受入れられている事柄を不可能なものにし、またほとんど考えられないものにする法律〔LOI〕、習慣〔usage〕、意見、判断の総体。たとえば、奴隷制、子供の去勢、拷問〔TORTURE〕、魔法使〔sorcier : SORCELLERIE〕の処刑。文明という言葉は、中庸を得た〔moyen〕道徳〔moralité〕が最善のもの〔: BIEN〕であるということを意味するのではなく、慣習〔coutume〕というものは数人のモラリストの精力的な〔énergique : ÉNERGIE〕行動によって変化させられた、ということを意味するに過ぎない。それゆえに人々は、われわれの西欧文明が戦争や政治的情熱〔Passion〕を緩和せず、苦痛がまだ説得の手段としてとられていることに驚くのである。たとえば、一国の抵抗を都市に対する飛行機の爆撃で破ることや、政治上の敵手を屠ることが行われながら、しかも同時に古い形の拷問が風習〔mœurs〕の変化によって廃止されていることなどは、ごく当り前のことである。このことは、文明というものが判断することを免除する盲目の習慣〔usage〕のように固定することから起って来る。それには利益がなくはないが、また重大な不都合もなくはない。

教化すること――CIVILISER――

これは慣習〔coutume〕を課することであって、他の慣習を廃止することを前提としている。しかしこの移り行きには危険がある。文明〔CIVILISATION〕は、慣習に保証されてはじめて良いものになる。もしできれば、慣習を尊敬しながら知慧〔SAGESSE〕を教えるほうがよい。

嗜み――CIVILITÉ――

都市〔ville〕および都市生活〔existence urbaine：URBANITÉ〕に特有の種類の礼儀〔POLITESSE〕。百姓たちは、たとえば接客の方法において、あるいは家族的、宗教的〔：RELIGION〕、もしくは政治的儀礼〔cérémonie〕において深い礼儀を心得ている。しかし彼らは、連れ立って歩いている、未知の人々に対する路上の徳〔VERTU〕である嗜みを持っていない。この徳には、よそ者ということがない。

心情―CŒUR―

これは優しさ〔tendresse〕と勇気〔COURAGE〕との座であり、また第一に力と生命とを頒つ器官である。したがって心情はごく僅かの異和をも強く感ずる。心情をもつ人は、それゆえに、他の人々、あるいは一人の他の人の苦しみと喜び〔joie〕とに参与することができる。これは愛の徴しの一つである。同時に、心情をもつ人は、他の人々、あるいは一人の他の人に、彼が自分の力でできるすべてのこと、すなわち保護したり助けたり、また根本的に勇気づけたりするようなことを伝えようとする傾向を持っている。何となれば、これ以上美しい贈物はないからである。この二つの意味は、愛というものを説明する。事実、愛というものは単に優しさだけで（あるいは単に弱さだけで）成立つものではなく、常にはっきりとして揺がない一つの信仰〔Foi〕、言い換えれば幸福な誓いによってしか十分に表現されない、自由で変化しない何ものかを含むものである。この意味で、愛するためには第一に勇気が必要である。感傷〔sensibilité〕だけではとかく裏切ることになるであろう。

怒り―COLÈRE―

怒りは恐怖〔Peur〕の一つの結果として自然に生れる抵抗と工夫とのいろいろな力の、展覧のようなものである。それゆえに、小心な〔: Timidité〕人々はしばしば滑稽な怒りを見せる。それは、怒りのいちばん低い段階である。それは、恐怖につづいて起る反射作用〔Réflexe〕をそれほど出ないものである。しかしそれにはいつも、恐怖から来る大なり小なりの屈辱感と、制御不能で忍耐に欠ける〔impatient : Patience〕勇気〔Courage〕の表現を増大させる一種の喜劇とが結びつく。さらにそれに、怒りが人の欲する程度以上に増大するとき、奴隷であるというかんしゃく〔Fureur〕および一種の自己恐怖が加わり、それらはしばしば怒りを途方もない点までたかぶらせるのである。そういうとき、怒りを鎮めるためには疲労しかない。

合致｜CONCORDE｜

合致は時の経過によって検証され、将来に対しても信頼〔CONFIANCE〕を与える一致〔ACCORD〕である。合致は一致のように、自然発生的な〔: SPONTANÉITÉ〕ものであって、理屈を超えている。

欲情｜CONCUPISCENCE｜

これは貧困、不十分、欠乏から起る欲望〔DÉSIR〕である。古いモラリストたちは欲情的な欲望と興奮的な〔irascible〕欲望（それはまた嗜欲〔APPÉTIT〕、欲求〔BESOIN〕などとも言うことができる）とを対立させた。興奮的な〔irascibre〕人間は、力の過剰と運動の欲求とによって欲望を起す。興奮〔EMPORTEMENT〕はこの水準に置かれた情念

〔PASSION〕の法則〔LOI〕である。たとえば、貪欲な〔avide : AVIDITÉ〕人間はますます財貨〔biens〕をむさぼる、特に彼がそれをかち得ることが可能だと感じるがゆえに。それに反して本来の意味での吝嗇な〔avare : AVARICE〕人間は、彼が欠乏しており、また自分自身を一に老人あるいは弱者と考えるがゆえにむさぼるのである。野心〔AMBITION〕にも、また、二つある。一つは、必要〔Nécessité〕から出るもので、支持を求め、他は、傲慢〔ORGUEIL〕と怒り〔COLÈRE〕とから起るもので、他人を勝手にさせておくことができないものである。愛にもまた二つある。一つは欲求と弱さとから起るもので、保護されることを欲し、他は反対に保護することを欲する。

この古い言葉は、腹が胸に対するように欲望を怒りに対立させる。怒りからは野心が生れる。欲情は、野心のない欲望を意味する。たとえば少しも愛ではない愛のあの低い部分を。欲情にはそれゆえ、いささかも思わせぶりや虚栄〔VANITÉ〕がない。たとえば貪食は、儀礼〔cérémonie〕と友情〔AMITIÉ〕とによってしばしば欲情以上のものになる。欲情は、嗜欲に似ている。しかし欲情は嗜欲に思想を加えたものであって、欲情をして自制させる。

告解｜CONFESSION｜

これは、裁く人〔arbitre〕の前における自発的な自白〔AVEU〕で、自分の心を自ら安んずることと、自分を公平に判断する必要〔BESOIN〕から生れたものである。裁く人は訊問するが、それは医者の場合のように相手の要求に基づいてそうするのである。わたくしが人に説教することをあまりにも好んだといって自分を責めるとする（この例は「ポール・ロワイヤル」に見出される）。すると裁く人は、わたくしが自分を責めるのがどういう根拠によるのか、またこれまでやった、あるいはやろうとしている説教についてどう考えているのか、また、わたくしが説教を作るのはどういう気持でするのか、何のためにするのか、などを知ろうとする。裁く人はいつもわたくしで、ただ、それが他の裁く人によって均衡をとられているのである。彼は、わたくしの懸念が傲慢〔ORGUEIL〕を包む自己愛と自惚の色合いを持った自分の救いに対する関心とから出ていることを、わたくしに言ってくれるだろう。自分の友だちに、彼が諷刺ということをどう考えているのか、また羨望がその中で大きい部分を占めているのではないか、を尋ねる一人の友だちを考えてみよう。もし、わたくしの友だちのジュヴェナルが、自分の絵の潑溂とした趣が罪深い好奇心から主として来ているのではないかとわたくしに尋ねるとしたら、わたくしにはたくさん言うことがあるだろう。

信頼―CONFIANCE―

これは信仰〔FOI〕への一段階であるが、信仰についての反省を欠いている。それは、平和で〔paisible : PAIX〕友情に満ちた〔amical : AMITIÉ〕感情〔SENTIMENT〕と、人のことを好意的に〔favorablement : FAVEUR〕判断しようとする心構えとの現れたものである。しかしまた、程度の低い信頼もあって、それはただ、なおざり〔NÉGLIGENCE〕と機嫌の悪い感情への恐れ〔PEUR〕とだけから生れてくる。これら凡ての段階はみな正しい。しかし慈悲〔CHARITÉ〕と信仰とに立つ高い信頼だけが奇蹟〔MIRACLE〕を生み出す。何となれば、そういう信頼は証拠〔PREUVE〕を必要とせず、また証拠に反してまでも信じるからである。それは、だまそうとするもくろみを沮喪させる〔décourager〕。例えば、もし人が相手の言うことを心から、また盲目的に、信ずるならば、嘘つきもう嘘〔MENSONGE〕をつくことができなくなる。もし、凡てのものが委託されると、泥棒はもう盗むことができなくなる。しかしこれは美しい魂というものの試錬である。何となれば、最少の疑惑でもそういう経験を台なしにしてしまうからである。「レ・ミゼラブル」の始めを読むこと。

良心―CONSCIENCE――〔・意識〕

これは、自分自身に帰ってくる知る働きで、決定したり自分を判断したりする状態に自分を置く人格そのものを中心とする。この内面的運動はあらゆる思想の中にある。何となれば最後に《自分は何と考えるべきか》と自分に対して言わない人は、思考しているとはいえないからである。良心は、いつも、暗々の裡に、道徳的な〔: MORALE〕ものである。不道徳ということ〔immoralité〕は、いつも自分の考えていることを考えようとせず、内面的判断を先へ延ばす点に成立する。自分自身についての疑問を自分自身に向っていささかも提出しない人々を、非良心的な〔inconscient*〕人と名づけるが、これは正しい。いろいろな意見や事の処理のしかたについての意見において、反省、すなわち自分を知り自分を判断することを可能にする自分自身への後退、を欠く場合もある。

ところで、そういう後退こそ本来の良心なのである。

ルソーは、良心というものは、人がそれを訊問さえすれば、必ず過らないものである、と言ったが、これは正しい。例、わたくしはしかじかの場合において、卑怯だった〔: LÂCHETÉ〕だろうか。もしわたくしがそれをよく見ようと欲すれば、それが判るだろう。わたくしはある事の処理において正しかった〔juste : JUSTICE〕だろうか。わたくしは自分に問いただしさえすればよい。ところがわたくしは、むしろそれを他人のせいにしたがるのである。一般に、もし人が借りものの道徳律〔maxime〕によってのぼせあがっていなければ、こういう内心の奴隷状態は非常に鋭敏に感ぜられるものである。

＊〈編者の注〉ここに「非良心的な」と訳されている〈inconscient〉は、「(自覚的な)意識のない」ということにおいて、その本来的な語義をもつ。つまり――「良心」とのみここには訳されている――〈CONSCIENCE〉には、〈(自覚的な)意識の働き〉ということが含意されていると思われる。

痛悔 ― CONTRITION ―

最も程度の高い悔い改め〔REPENTIR〕を意味する宗教上の〔: RELIGION〕表現。痛悔は、根本においては危懼〔crainte〕の念に過ぎない後悔〔attrition〕の反対のものである。宗教上の考えによると、後悔は、それ自身で魂を浄化することができないのである。少なくともそれに自己の至らなさの意識〔sentiment〕が加わらなくてはならない。そこで人は、自分の運命〔sort〕を教会の仲保に委ねることになるのである。こういう意味において秘蹟〔・礼典〕〔SACREMENT〕が後悔に代るのである。しかし、それでもまだ十分に安全ではない。これに反して痛悔は、その結果ではなくて過ち〔FAUTE〕それ自体を問題とし、それを本当の徳〔VERTU〕、本当の価値〔VALEUR〕、理想〔IDÉAL〕、さまざまな人間的試錬をくぐって来たと想定される神（それらは同じことを言ういろいろの仕方に過ぎない）との関連において、それ自体で呪わるべきものと判断する悔い改めなのである。例えば人は、表面に現れなかった、したがって誰にも知られず、考えの中だけにあった、不誠実〔improbité〕を悔い改めることができる。同じ過ちにもはや再び陥るまいという決心〔RÉSOLUTION〕が、おのずから生れる。しかしそういう決心は痛悔だけの特色ではない。何となれば、避けることのできない罰を恐れて〔par la vue d'un CHÂTIMENT〕同じような決心に達することもあるからである。ただし、これは高い価値を持たないものである。

勇気―COURAGE―

恐怖〔PEUR〕を克服する徳〔VERTU〕。恐怖は、戦慄、まずさ、弱さ、逃亡、およびそれらすべてに対する恐怖である。勇気は、直接にまた原則的に、これらの自己放棄に対立する。ただし、勇気は最も大きい危険に向って進んで行くと言っているのではない。それは向う見ず〔TÉMÉRITÉ〕のことである。憤怒〔COURROUX〕（勇気と近いもの）は勇気の手段となる。ところで、勇気は慎重さとよく結びつくことができ、立派に怒り〔COLÈRE〕なしで済ます。しかし行動は、慎重さを欠く場合でも、しばしば恐怖そのものに対して必要で〔nécessaire : Nécessité〕ある。これらの場合において、怒りのない静けさにおいて人はこれが勇気だと認知するのである。

憤怒―COURROUX―

勇気〔COURAGE〕に近い怒り〔COLÈRE〕、すなわち怒りよりも多くの意志を含み、そこには辱しめと威厳との観念が入ってくる。怒り［癇癪］（胆汁の集中）は、より腹部のものであり、憤怒は胸郭部のものである。この二つの言葉は恐怖〔PEUR〕から勇気への道を示す。プラトンが言っているように、怒りが理性によって援助に呼ばれるときに、その怒りを表わすのに適した言葉は憤怒である。義憤〔indignation〕は、普遍的な〔∴ UNIVERSALITÉ〕思想に向ってさらに一段近づいている。

慇懃｜COURTOISIE｜

これは、儀式からきた外面的な好意〔BIENVEILLANCE〕で、自分を賭けない。慇懃の快感〔PLAISIR〕はよく踊る際の快感と同じようなものである。

犯罪｜CRIME｜

人間の身体を意識的〔volontaire〕に毀損すること。それが死であろうと傷であろうと、子供あるいは老人の遺棄であろうと、犯罪が過失〔délit〕から区別されるのは、常に人間の身体への毀損があることによる。例えば貨幣の贋造が犯罪といわれるのは、その影響の大きいことからくる［言葉の］濫用によるのである。それは一種の詐欺にすぎない。

信念―CROYANCE―

これは証拠〔PREUVE〕を欠くあらゆる確信〔certitude〕を意味する共通の言葉である。信仰〔FOI〕は意志的な〔volontaire〕信念である。ところが、信念の方は、教えであろうと判断であろうとあるいは事実であろうと、それを受入れようとする無意識的な〔involontaire〕一種の心構えである。言葉のこの低い意味において信じようとする心構えは、盲信と呼ばれる。信ずることの諸段階は次のようなものである。最も低い段階は、恐怖〔PEUR〕あるいは欲望〔DÉSIR〕の故に信ずることである（人は自分の欲望することと危懼することをすぐに信ずる）。その上の段階は習慣〔coutume〕と模倣〔IMITATION〕とによって信ずることである（王様や雄弁家〔orateur〕や金持を信ずること）。その上の段階は、老人、古い慣習〔coutume〕、伝統などを信ずることである。さらにその上の段階は、凡ての人が信じていることを信じることである（例えば、直接見なくても、パリが存在していることや、これまで決して見たことがなくても、オーストラリアが存在していることを信ずること）。その上の段階は、最も博学な人々が証拠にもとづいて一致して〔en ACCORD〕確認していることを信ずること（地球が回転していることや、星は多くの太陽であることや、月は死んだ天体であることなどを信じること）。すべてこれらの段階は信念の領域をなす。信念が意志的なものになり、人間的義務〔DEVOIR〕の崇高な〔haute〕観念に従う誓約の性質を帯びる時に、その本当の名前は信仰となる。

残酷さ――CRUAUTÉ――

血を流すことからくる、また血を流す方に傾く、一種の陶酔状態〔IVRESSE〕。血を見ることが、生理的には、見る者の血液の運動にもとづく恐れ〔horreur〕の状態、すなわち血が内部に逃げ込み、失神の原因になりうるような恐れの状態、を生み出すことは、人の知るところである。それに対しては、行動を増加し、一種の意識的な〔voulu〕興奮状態〔EMPORTEMENT〕によってしか対抗することができない。残酷さは、それ故に一種の怒り〔COLÈRE〕であるが、それはまさしく生理的で何の反省も伴わない一種の恐怖〔PEUR〕の水準にとどまるものである。残酷さは群衆において増大する。そういうわけで群衆は、自分たちが恐怖している処刑の場所に、進んで立会うようになるのである。

挑戦―DÉFI―

《お前はそんなことを言っているが、実行しはしないよ》。挑戦は他人の思想を行動の試錬にかけるものである。挑戦は勇気〔COURAGE〕が欠けている、ということを意味する。それは信頼〔CONFIANCE〕を公然と否認することである。そういう意味から、興奮した〔: EMPORTEMENT〕人間が、挑まれたことを直ちにしてしまうという危険が生ずる。挑戦と賭〔pari〕をすることとの間には類縁性がある。何となれば、彼はそれを実行しないだろうという方に賭けるのは、彼に挑戦することだからである。

不信―DÉFIANCE―

これはある人の教え、勧告、さらに一般的にその誠実さ〔SINCÉRITÉ〕に関する一種の疑いである。不信が慎重さの別名に過ぎない場合も確かにある。しかし他方、本当の信頼〔CONFIANCE〕は盲信ではなく、それからは遥かに遠く離れたものである。本当の信頼は、しばしば他人の言うことを盲信しないことなのであり、それによって他人を判断するのを拒否することである。何となれば、人間というものは、しばしば情念〔PASSION〕に駆られて自ら悪い役割を演じ、自分自身を讒謗する〔: CALOMNIE〕こともあるからである。それ故に不信は特に人を欺きやすいと判断される外面的なものに向けられる。それは、われわれを一層正しく判断するように準備してくれる疑いである。

裏切り｜DÉLATION｜

これは一種の探偵行為〔ESPIONNAGE〕の形態であり、裏切りは意志的なもので、私生活と秘密な考えとに関係しているという、二つの特色を持っている。裏切りの中には一種の背任〔abus de CONFIANCE〕と発覚されまいとする意志とがある。裏切りは有用でまた正しく〔juste : JUSTICE〕さえある場合がある。しかし裏切りは、そのやり方自身が悪いものだという行動の一例である。

デモン｜DÉMON｜

それは悪魔〔DIABLE〕と全く同じではない。それは秩序を攪乱し、予見を裏切る、理由のない、おまけに幸福で、気紛れな霊感である。

不名誉｜DÉSHONNEUR｜

自分が軽蔑されている〔: MÉPRIS〕ことを知り、また自分自身を軽蔑している一人の人間の状態。人の口などを問題にしないことは可能である。しかしここでは自分自ら人の口を是認していることが問題なのである。不名誉の特色は、外観だけの尊重〔ESTIME〕によってはもう喜ぶ〔se réjouir〕ことができないということである。《もし皆がわたくしのことを知ったら。もし皆がわたくしがどういう人間か知っていたら》、こう独りごとを言う。不名誉はそれ故、最高度に、名誉それ自体の中にある。不名誉は沙漠の中や人が軽蔑している人々の間では、感ぜられないであろう。

無私｜DÉSINTERRESSEMENT｜

正しい言葉は、無欲〔désintérêt〕である。それは人が［何か］利害上の関心をもたない〔s'intéresser〕ないことを意味する。それは、単にある利害あるいは利益を軽蔑する〔: MÉPRIS〕だけではなく、まず第一に、それに喜び〔PLAISIR〕を見出さないことを意味する。凡ての情念〔PASSION〕は、情念でないものに対しては関心を失う〔se désintéresser〕。虚栄心〔VANITÉ〕の欠如によって、人は関心を失う。無欲は一種の高さである。それは他人が感じたり、追求したりすることにおいて、他人を真似る〔imiter : IMITATION〕ことを拒否する。例えば、虚栄心のない作家は、人から与えられる賞讃にあまりにも関心がない。無欲を判断するためには、コントが虚栄心について言ったことを思い出す必要がある。すなわち、虚栄心は慈悲〔CHARITÉ〕の始まりだ、ということである。それは同情によって感ずることであり、それは他人のおかげで感じていることを自ら感じるように馴らすことである。賞讃の場合には、それから喜び〔PLAISIR〕を感ずることが一層礼儀正しく〔poli : POLITESSE〕、また友愛に適っていることは言うまでもない。これらの注意をするのは一つの美しい言葉をそれがしばしばつまらない用途に使われることから救うためである。

欲望｜DÉSIR｜

欲望には傾向〔inclination〕よりも一層多くの空想がある。それは常に必ずしも欲求〔BESOIN〕に応じて起るものではない。人は自分に経験のないものでも欲望することがある。それ故発明者がわれわれに起しうる欲望には限度がない。例えば、飛行機、無電、テレビジョン、月世界の旅行など。人は新しいものに欲望をもつ。知慧〔SAGESSE〕の望むところは、われわれが欲望を欲求によって、さらに（欲求の対象は獲得されるものだから）普通の人の水準によって調整することにある。

不服従｜DÉSOBÉISSANCE｜

これは自由への試行であり、勇気〔COURAGE〕への試行である。それ故に、それを、友情〔Amitié〕をもって見守らなければならぬ。それは、怠惰で卑怯に〔: Lâcheté〕なる場合だけ批難さるべきである。尤も多くの場合、怠惰で卑怯なのは服従の方だ、ということを自白し〔avouer : Aveu〕なければならぬ。生徒が宿題〔Devoir〕をしないということは、もしそれが怠惰による場合には悪である。しかし、もしそれが傲慢〔Orgueil〕からだとしたら（汝は自分でそうかどうかを言わなければならぬ）、傲慢な者に自由を返さなければならぬ。

無秩序―DÉSORDRE―

それは情念〔Passion〕の徴しである。恐怖〔Peur〕、怒り〔Colère〕、復讐、陶酔〔Ivresse〕の痙攣はみな無秩序である。それは群衆の中で極点に達する。

専制主義―DESPOTISME―

これは、外面的秩序、知慧〔Sagesse〕を欠く秩序、焦燥に駆られた秩序である。それは理性的な法〔Loi〕と共存することができるが、その場合、法は力の法として扱われている。専制主義の反対は、理性的な法（例えば、交換における平等〔Égalité〕）が情念〔Passion〕から起る危機なしに凡ての人によって承認される、という点に成立する。

運命―Destin―

運命とは、将来を知りそれを告知できる人間の作為〔fiction〕である。それは、われわれには将来を変えることができない、ということを言う一種の言い方である。この作為は神学的な〔: Théologie〕ものであり、何事も知らないことのない神の完全さにもとづいている。この作為に対抗できるものとしては、信仰〔Foi〕そのものにほかならぬ自由への信仰しかない。自分の運命の変化できることを信じない人のことを、彼は信仰をもっていない、と言う。こういうわけで、神学者が神の意志につながれるのは、信仰を欠いているからだ、と言わなければならない。

占い［DEVIN］

人間の将来を、人間そのものからでてくる徴しに従って告知する人。凡ての徴しを求める魔法使い〔sorcier：SORCELLERIE〕とは非常に異る。筆蹟鑑定者は一種の占いである。手相見もそうである。凡て観察する人は占いである。凡ての人は彼の利害に関係のある事において占いである。

義務［DEVOIR］

これは、困難な場合に、普遍的〔: UNIVERSALITÉ〕価値〔VALEUR〕を持つものとして精神に映ずる行為である。例えば、攻撃されている弱者の救いに赴くこと、追われている友だちに隠れ家を与えること、不正に取得した財産〔FORTUNE〕を返すこと、疫病にかかった人の看護をすること、などがそれである。普遍的価値という性格〔caractère〕から、義務は規範的な〔obligatoire〕ものであるが強制的な〔forcé〕ものではない。いかなる報酬も、またいかなる喜び〔joie〕さえも視野には入ってこない。義務には、それを行うこと以外の困難さはまったくない。疑いがある場合には、それはもはや義務ではない。その時、人は適切なもの、すなわち最小限度の悪を選ぶのである。人は感情〔SENTIMENT〕の囁きを聞き、徳〔VERTU〕に従う。ほとんど凡ての義務は職務に関するものである。すなわち、人は自分の果すことのできる行為に自ら義務づけられて〔obligé〕いることを感ずるのである。例えば、消防夫、水難救助者、外科医、弁護士、兵士、炭坑夫など。

献身(的な行為)——DÉVOUMENT——

これはある特定の人間に対する服従と熱誠〔ZÈLE〕との誓いである。しかし人は任務に献身することもできる。そのことは容易に主人が変ることを予想させる。献身はいつも人が果すことのできる仕事から、また、手落ちへの恐れ〔horreur〕から生れてくる。

悪魔——DIABLE——

これはわれわれの卑怯な行い〔LÂCHETÉ〕によい報いを与える、邪悪な権力である。悪魔ということは、徳〔VERTU〕はいつも罰せ〔punir〕られるということである。力の世界はこうして進んでゆく。皮肉は悪魔の語法である。それ故に悪魔は一つの名前の下に、自然の神々と戦争の神々、パンとセザールとを兼ねている。

弁証法—DIALECTIQUE—

これは、事実問題を推理によって証明する〔prouver: PREUVE〕と称する一つの方法である。すなわち、戦争があるだろうとかないだろうとか、貨幣が退蔵されるだろうとか出回るだろうとか、物価が上るとか下るとか、凡てのものは善で〔: BIEN〕あるとか悪であるとか、神は存在するかとか、神は三つの格に分たれるかとか、神は一つであるかとか、世界は神であるかとか、およそ選択と行動とを予想し、それによってのみ真実となりうるあらゆる判断を対象とする。一例に正義〔JUSTICE〕をとってみると、正義が存在するかしないかを証明してみても時間の浪費である。正義をここに、あそこに、さらにまたどこかに実現することが問題なのだ。神学〔THÉOLOGIE〕は敬虔〔PIÉTÉ〕の弁証法であって、敬虔にとって代ることはできない。

神―DIEU―

これは最も高い価値〔VALEUR〕である。ある人にとっては、名誉が彼の神であるといい、他の人にとっては、金が彼の神であるといい、第三の人にとっては、腹が神だという。神は、それがいかなるものであっても、崇拝され〔adoré : ADORATION〕、そのために他の凡てを犠牲にすることを意味する。儀式的犠牲は、その象徴である。腹の神は多産な自然であり、生命力である。名誉の神は武の力であり、英雄と征服者の姿のもとに崇拝される。勇気〔COURAGE〕の神は自由な人間であり、ストア的哲人である。愛の神は聖者である。愛の神ということには曖昧な点があるのに気がつくだろう。何となれば、この名によって示されるものが、慈悲〔CHARITÉ〕であるかあるいは動物の盲目的多産であるかは必ずしも明らかにされていないからである。道徳〔MORALE〕は凡て、仮面を剝がれた虚偽の神々と一人の本当の神を予想する。

失寵—DISGRÂCE—

これはみごとな〔admirable：ADMIRATION〕言葉である。何となれば、それは、権力がある人を好意〔FAVEUR〕を以て遇することを止めた時の、権力に対するこの人の状態を意味するからである。しかしこの言葉は、同時にこの人の内面的状態、自由と高邁さとを欠く状態をも意味する。そしてこれが本当の失寵の深い意味である。

装うこと—DISSIMULATION—

自分が欲することだけを表現しうる能力と素質とを指す。すなわち、自分の身振りと顔つきから、凡ての意志に反して表れる徴しを消去する能力である。この言葉は、文字どおり、人を迷わす素振り〔simulation〕、すなわち、悪意的であれ好意的で〔：BIENVEILLANCE〕あれ、ある一定の徴しの意志されたあるいは習慣的な〔：HABITUDE〕模倣〔IMITATION〕であって、単に装うこと以上の意味を含んでいる（人は好意をも装うことができるのである）。つっけんどんな人は、しばしば非常に装われていることがある。外面上好意的な人は、一層しばしばそうである。非意志的な徴しが他人と自分とに対する過失〔FAUTE〕となりうるように、装うことは礼儀〔POLITESSE〕の一部である。例えば人は、医者が自分の本当の考えを巧みに隠し〔dissimuler〕おおせたことを怒ったり〔s'indigner〕、友人が自分の知っている重要な秘密について非常に巧みに装い〔dissimuler〕おおせたことを怒ることがある。この二つの例によって見ても、装う能力を軽々しく批判してはならないことが判るのである。

散漫 ― DISSIPATION ―

もともと平凡なこの言葉は、何の選択もなく同じような興味によって全ての対象や事件に向けられる注意の分散〔dispersion〕を意味する。それは自分の宝を投げ散らすことを意味する。

独断主義 ― DOGMATISME ―

これは、懐疑主義〔SCEPTICISME〕に対立する体系である。それは単に、凡てのものが説明され証明され〔prouvé：PREUVE〕うる、ということを信ずる心構えだけではなく、われわれの関心の的になっている事柄がもうすでに体系を作りうるように説明され証明されているという、保証された確信〔Assurance〕である（実例、カトリック神学〔THÉOLOGIE〕、唯物論〔MATÉRIALISME〕、いつも変らない政治、道徳〔MORALE〕、名誉と礼儀の規則〔Lois de l'honneur et de la POLITESSE〕）。ドグマ〔dogme〕というのは、一つの認識（原理あるいは規則〔règle〕）であって、もう蒸し返して問題にしてはならないものである。何となれば、権能のある人々がそれを決定したのだからである。ドグマには宗教〔RELIGION〕的なもの、科学的なもの、たしなみ〔BIENSÉANCE〕に関するもの、衛生に関するものなどがある。

法［・権利］――DROIT――

法とは全体的な、また相互的な強制の体系であって、慣習〔coutume〕と裁く人〔arbitre〕の裁判に基礎を置き、人間的情況の必要〔Nécessité〕と想像〔IMAGINATION〕から生れる安全への欲求〔Besoin〕とを、正義〔Justice〕の理想〔Idéal〕と調和させることを目的とする。法は、事実ではない。例えば、所有する〔posséder : Possession〕ということは、純粋単純な事実である。所有者〔propriétaire〕であるということは、裁く人によって世論の監視の下に承認された権利〔Droit〕である。わたくしは、事実は泥棒の働きによって得られたものの所有者に、全く正当に、また、全く本当に、なることができる。実際、動産に関しては、所有は所有の資格と同じことであり、不動産に関しては、三十年間異議申立てのない所有が、所有の資格と同じことになることが認められている。このことは、法が〔実際の〕必要に適合させられることを、判らせてくれる。

真直ぐなこと―DROITURE―

〔これ〕は、思想よりもむしろ行動に関する。それは、偽り〔Feinte〕と廻り道とを排除する進み方である。この言葉は行為に関して言われるが、行為の一部になっているかぎり言葉〔discours〕に対しても使われる。

平等――ÉGALITÉ――

平等は、一つの法〔DROIT〕的状態であって、盗みや権力の濫用や侮辱や、その他常に力の不均等の結果である類似の事柄を裁判する際に、力の比較を排除するものである。金持と貧乏人との間には、人の考えに働きかける手段についてある不平等が存在する。強者と弱者との間には、物を取ったり守ったりする手段の不平等が存在する。詐欺師と被害者との間には、知識の上の不平等が存在する。この法的状態は、あらゆる場合にこれらの不平等を少しも顧慮しない判決によって定義される。例えば、それは金によって買収されず、強迫に屈せず、決定するに先立って吟味するものである。

エゴイズム――ÉGOÏSME――〔・自分本位〕

これは身体の限界に密着した思想で、苦痛や病気を予見し、それらを避け、快楽〔PLAISIR〕を選び、それを計量しようとしている思想である。もしエゴイズムが心〔ÂME〕から、恥かしい情愛〔Affection〕や卑怯〔LÂCHETÉ〕や過誤や不徳〔VICE〕を遠ざけようとして、それを監視するならば、エゴイズムは一種の徳〔Vertu〕になるであろう。しかし、この言葉の意味を拡張することは慣習〔usage〕によって禁ぜられている。

雄弁―ÉLOQUENCE―

言葉〔parole〕の技術であって、調子やリズムに依存し、また第一に聴衆の身体に作用する声や身振りの手段によって、誘惑や驚愕を惹き起す準備と攻撃とによって話〔discours〕を強化する技術である。場合によってはそれは正しい証明〔Preuve〕を強め、疑わしい証明を〔気づかずに〕看過させる。雄弁の効果は群衆によって増大される。しかし孤立した個人もまた雄弁な話、特に直接の同感によって相手を感動させる〔émouvoir：Émotion〕ことを求める話によって、変化させられ得るものである。いずれにしても雄弁は人を教える義務〔Devoir〕に反するものである。

感動―ÉMOTION――〔・情緒〕

意志の許しなしに身体（心臓〔Cœur〕、肺臓、筋肉）の中に成立し、急激に思想の色調を変える運動の体制《レジーム》である。人は愉悦〔ALLÉGRESSE〕、喜び〔joie〕、笑いのような、ほぐれた感動と、恐怖〔PEUR〕、怒り〔COLÈRE〕のようなもつれた感動とを区別できる。なおまた驚愕は、凡ての感動を、例えば喜びや馬鹿笑いをさえも、不安でもつれたものにする。こういう効果は、突然のなまなましい刺戟がからだ中に拡散することから起るのであって、それは凡ての筋肉を緊張させ、呼吸を止めさせ、心臓を鞭打ち、脳と腸とに充血を起す。恐怖は自動的に増大するこのような生理的警戒〔ALARME〕の故に、あらゆる感動の最初の状態である。すすり泣き〔SANGLOT〕と涙〔LARME〕とは最初の解放であるが、時としては焦燥と行動とが、驚愕の感動の帰結となる。激しい、また同じ対象に結びつけられた一連の感動は、情念〔PASSION〕を生み出す。情念の支配された状態を感情〔SENTIMENT〕という。

興奮（状態）─EMPORTEMENT─

行動自体が器官を苛ら立て、その活動を鼓舞するような、行動の体制。例えば逃走は恐怖〔Peur〕と逃走自体を激化する。闘争は闘争心を煽る。力は行使されることによって眼覚める。興奮は消尽すること以外の限界はない。興奮に理屈はない。使い道のない凡ての力は興奮を惹き起す〔s'emporter〕。

エネルギー ― Énergie ―

［これ］は、執拗さ、暴力〔Violence〕、興奮〔Emportement〕などと同じものではない。それらは欲することのいろいろな実現の仕方、もしくはその結果である。エネルギーは障害を前にして現れ、抵抗の相関物として突然に、また勇気〔Courage〕が衰えた時にしばしば、現れるものである。それ故に、この語の精神的意味は、エネルギーという物理的観念と一致する。後者は仕事の能力（爆薬）を意味する。エネルジックな性質〔Caractère〕は、一般に不動のものであり、しばしば無関心なものである。エネルギーの中には執拗さがあるが、それは活潑なものであり、爆発的なものである。エネルギーはいろいろな抵抗を敗北させる。経験によれば、抵抗は、それがもっとも危懼するものを発動させる危険があるからである。

地獄―ENFER―

これは精神が自らを、しかも永久に、投げ込んでしまう宿命*である（何となれば、宿命は永遠のもの〔pour toujour〕だから）。賭博者〔joueur : Jeu〕の地獄は、それから決して医されまいとする決心〔Résolution〕である。凡ての情念〔Passion〕、凡ての犯罪〔Crime〕について同じことが言える。煉獄は自己の中に何らかの期待〔Espoir〕を前提とする悔悟〔Pénitence〕である。しかしたとえわたくしが悔い改める〔se repentir : Repentir〕ために一千の世紀をもっているとしても、わたくしは自分が同一であり、それをどうすることもできないと誓うことができる。この決心〔parti〕は傲慢で〔: Orgueil〕ある。欲しようと欲しないという憤激〔rage〕の中に人はこの決心〔parti〕そのものを選び、それを護ることを誓うのである。凡ての人はその最初の衝動においては絶望する方を好むのである。しかしその時思想は自分自身に対する怖れ〔horreur〕に捉われる。それは死を欲しながらそれができないことであり、それが永遠〔éternité : Éternel〕を意味する。凡て地獄に落ちた人は赦免〔Pardon〕を拒否する。一つの争論を見るがよい。人間が考え直すことができないでいるのを見るがよい。考え直すことは自分を赦す〔pardonner〕ことである。

＊〈編者の注〉ここに「宿命」とあるその原語は〈Fatalisme〉であって〈Fatalité〉ではない。「地獄は宿命である」というのでは変に響くが、〈Fatalisme〉には〈(宿命論的な考え方をするところから来る)諦め〉という意味がある。

エピキュリスム〔ÉPICURISME〕

エピキュリスムはしばしば不当にも最も低いエゴイズム〔Égoïsme〕と同一視されるが、それは迷信、錯覚、要するに凡ての情念の〔passionné : Passion〕狂乱を医すことを目的とする意志的な唯物論〔Matérialisme〕である。それは心〔Âme〕に本当の財産〔biens〕、知ることそれ自体、自分との平和〔Paix〕、および友情〔Amitié〕を残してくれる。

希望〔ESPÉRANCE〕——〔・望み・期待〕

希望はよりよい将来に対する一種の信仰〔FOI〕(故に一種の意志的な〔volontaire〕信念〔CROYANCE〕)であって、やがて正義〔JUSTICE〕と善良さとに場所をゆずるものである。例えば人は、証拠〔PREUVE〕なしに、ただ人がそれを欲する〔vouloir〕が故に、欲しなければならないが故に、戦争の終末を希望する〔espérer〕。したがって希望は、自分より前に信仰を予定し〔supposer〕、自分に続くものとして慈悲〔CHARITÉ〕を予想し〔supposer〕ていることが判る。希望の固有の目的は、物質的な問題を解決することであって、例えば次のようなことである。凡ての人が十分な財産〔biens〕を持ち、凡ての人が労働によって幸福になり、多くの病気が医されたり、耐え易いものにされたりし、子供たちが十分栄養をとり、もっと良くしつけられ、特にこれら凡てのこと、また他の同じようなことが、われわれがそれを立派に欲しさえすれば可能であるということである。それ故に希望の対象は欲する働き〔vouloir〕の有効性である。普通の人は始めは、自然とその力とを神化するものであるが、希望は神そのものを対象とするであろう。慈悲に至ってはじめて、もっと純粋な、もっと人間に近い神を目的にするようになる。常に最善のものを目的にするのは純粋な信仰である。

スパイ行為—ESPIONNAGE—（・探偵行為）

これは祖国〔PATRIE〕のために行う背任行為〔abus de CONFIANCE〕である。スパイの本質は自分を友だちのように見せかけて信頼〔CONFIANCE〕を得ることである。正しい規則は自分が自らすることを恥としていることを他人にやらせないことである。

期待—ESPOIR—（・希望）

〔期待〕は、一つの徳〔VERTU〕であるところの、もしくは義務〔DEVOIR〕とも言われ得る、希望〔ESPÉRANCE〕よりは低いものである。期待は情念〔PASSION〕の事実であって、われわれに現在の喜び〔joie〕の光の下に将来を見せてくれるものである。この状態は危惧〔crainte〕から決して遠くないものであって、事実危惧は相補的な生理的法則によって、自然に期待に続いて起ってくるものである。常に人はある感じ方で休むこと、言い換えれば、それに先立つ仕方の後の休息に他ならない反対の仕方で行為することによって休むことが必要である。

精神｜ESPRIT｜

そのもっとも一般的な意味においては、精神とは凡てのものを嘲笑するものである。この意味が正しい。それは、根本において疑う能力である精神の通念に容易に導いてくれる。それは、凡てのメカニズム、秩序、徳〔VERTU〕、義務〔DEVOIR〕、教義などを超え、それを批判し、秩序づけ、自分以外には何ごとも負うところのない自由そのものをもってそれらに代えるものである。もし神が精神であるならば、神は自由であり、また自由な者の味方である。これが最も美しい、そして恐らく唯一の神秘である。

美学｜ESTHÉTIQUE｜

これは、もしそういうものがあるとするならば、美しいもの〔: BEAU〕についての学問である。美学と道徳〔MORALE〕との関係は、凡て恥ずべきものは醜い〔: LAIDEUR〕、という点に求められる。そこから人は、凡て美しいものは不徳〔VICE〕ではない、という結論を敢えて引出すようになる。この予感はほとんどいつも的中する。

尊重——ESTIME——

自分自身［の利益］に帰着することのない種類の信頼〔CONFIANCE〕。わたくしは自分の尊重する人間が、卑しい〔bas〕ことは何もしないだろうという信頼を持っている。そう予想することにおいて、わたくしは自分自身の利益を考えず、また友情〔AMITIÉ〕の喜び〔joie〕さえも考えていない。尊重というものは、それだけとってみれば、やや冷たいが、高貴なものである。それは評価の基準になる価値〔VALEUR〕である。

永遠の——ÉTERNEL——

それ自体において、変化したり、年をとったり滅びたりすることのできないものを、永遠なものという。崇高な〔: SUBLIME〕友情〔AMITIÉ〕は、それが偶然にしか、またそれ自体とは何の関係もない出来ごとによってしか、傷つけられえないという意味において、永遠のものである。愛は永遠であると自ら主張する。算術や幾何学のような最も確実な思想も永遠である。これに反して持続ということは、それ自体において変化し老いてゆく凡てのものに本質的なものである。永遠のものの全体を神の中に集めるという考えは、厳密に言えば証明〔PREUVE〕にはならないが、合理的である。他の永遠のもの、友情、愛、算術などと同じように。

進化―ÉVOLUTION―

緩慢で、知覚されず、いささかの予見も意欲もされない変化。それは逆に言えば、外の情況に対する意志の完全な敗北である。病気、疲労、年齢、職業、社会的〔: SOCIÉTÉ〕環境、暗示〔SUGGESTION〕などの作用の結果は、そのようなものである。進化はそれ故に進歩〔PROGRÈS〕の反対である。

練習｜EXERCICE｜

何か本当の行動に向って自分を準備することを目的とする行動。わたくしはソナタを弾くことができるように音階を練習する。わたくしは戦うことができるように剣術を学ぶ。わたくしは英語の先生以外の人とも話せるように英語を学ぶ。練習においては、人は困難な点を分割し、一つの運動を他の凡ての運動から引き離すということが含意されている。

人は、自分が欲することを行うためにしか練習しない。腕を伸ばすとか、拳を突き出すとか、走るとかなどである。経験の示すところによると、人は一遍でやろうと思うことができるようになるものではない。デッサンはその驚くべき一例である。何となれば、デッサンをまずくやっている間、人は自分の欲することをしていないと判断せざるをえないからである。一箇の円を現実に描くためには、それを描こうと欲することでは足りない。練習は、それ故、欲する術の大部分である。練習に対立するものは想像上の〔：IMAGINATION〕実行であって、世の中でもっとも滑稽なものである。わたくしは自分が走ったり、賞を得たり、敵を打ち倒したり、その他のことを想像する。それらは、実行することだけが難しいのである。それ故に、あの〔スペインのモール人に対して武勇を自慢した〕法螺吹き〔のマタモロス〕に向って、人は剣を抜く。それは《お前のお手並を実際に拝見しよう》という意味である。

寓話―FABLE―

これは、人の心を傷つけずに、幾分厳しい真理を判らせようとする、素朴な形式を持つ物語である。口をきく動物の作りごとは、礼儀〔POLITESSE〕の必要上そうするので、誰をも欺くことはできない。例えば「獅子の分け前」ということ、これが一人の王様について言われるとすると、恐ろしいことであって、人はそれを信じない理由を探しさえするかもしれない。ところが獅子の爪のことになれば、そういう恐れはまったくない。

狂信―FANATISME―

精神に刃向う精神の痼癪〔FUREUR〕である。真理への愛を探求と調和させることは難しい。他人と自分自身とにおける懐疑を憎まないでいることは難しい。そこから用心のための痼癪が生れ、人はそれを器官の中に感じ、またそれは精神を辱めるまでに激化するものである。それなしにはわれわれの思想がすべて滅びてしまうであろうような狂信の先端がある。ただしそれは犬に番をさせねばならぬ。

宿命論—FATALISME—

極めて一般的な、またある意味で普遍的〔: UNIVERSALITÉ〕な教義であり、それに従えば、起らなかったことは起ることができなかったことである（運命〔DESTIN〕の中になかったことである）。このことは遺憾の念〔REGRET〕を取除く。しかし宿命論が遺憾の念を取除くのは、人が全力を尽した場合だけである。それ故に行動の人は宿命論によって最も良くみずからを慰めることのできる人である。怠け者は事が起る前から同じように考え、何をやっても起るものは起るのだと言って、心配〔souci〕から自分を解放しようとするのである。このやり方は合理的ではない。何となれば、どうなるかは前もっては判らないからである。第一のやり方は、これに反して完了した事実に基づいている。それですべて別のようになることは不可能であったということが非常に真実になるのである。起ったことがそれを明らかにしている。このように宿命論は理性の一つの契機であるが、それを将来に拡張してはならない。しばしば宿命論は、神が予めすべてを知っている、ということを論拠にする。しかし神についての最も深い観念は、自由な神、即ち必ずしも予めすべてを知ってはいない神の観念である。なおまた、予め何もかも判っている、という観念は、永遠〔: ÉTERNEL〕の相関的観念である将来と時間とを消し去ってしまう。

宿命―FATALITÉ―

予め言われ（「予言」〔fatum〕）、あるいは書かれていること。これは一つの民衆的観念であって、それによれば、ある事柄（例えば自動車事故〔ACCIDENT〕）が起る前に、それが起るということが既に動かすことのできないことなのであった。宿命論〔FATALISME〕は弁証法的〔: DIALECTIQUE〕である。言い換えれば、それは論理的〔logique : LOGIQUE〕（あるいは言葉〔langage〕の）必然性〔NÉCESSITÉ〕は事実の必然性である、ということを前提としている。ところで一つの事実は、推理によってそれが起るであろうと証明される〔: PREUVE〕が故にのみ起るものではない。自然は、現在したり消失したり、遠くに隔ったり、近くで出会ったり、ぶつかったりしながら動いてゆくもので、推理によって進むものではない。

過失｜FAUTE｜——〔・過ち・科〕

他人の身体に与える傷害の重さだけではなく、それを過誤〔erreur〕に近づけるその性質そのものによって、犯罪〔CRIME〕よりも軽いものである。規則が明らかなのにそれに違反するならば、人はゲーム〔JEU〕の上の過失を犯す。政治における過失も同じようなものである。それは陥ってはならない過誤である。その場合、精神には弁解の余地がない。精神は自分自身に違反しているのである。これに反して犯罪は興奮〔EMPORTEMENT〕の結果であって、精神はそれに対して大したことはできないのである。

好意—FAVEUR——〔・好意的態度〕

功績〔MÉRITE〕を第一に問題としない選り好みの感情〔SENTIMENT〕である。好意は特に不正だ〔: JUSTICE〕というわけではない。それは資格が対等であって、他方親しさの度合とか安心のできる程度とか、都合のよさなどが等しくない時に最もしばしば現れるものである。好意は人が個人的な秘書を選ぶとか、自分の代理を選ぶとか、あるいはもし王様である場合には、総理大臣を選ぶとかいう場合に、自然に発動する。何となれば、こういう地位に自分の気に入らない人を選ぶには、よほど圧倒的な、ほとんど例を見ないような功績が必要だからである。

見せかけ—FEINTE——〔・偽り〕

これは継続させようという意志なしに起る行動の上の嘘〔MENSONGE〕である。行動ということによって身振りや態度まで含ませて考えるべきである。例えば、かれは聞いていないように見せかける〔feindre〕。あるいはかれが言おうとしていることがまだよく判らないように見せかける。かれは冷淡、不満、無関心の見せかけをする。見せかけは市場における規則である。人は無関心であるように見せかける。偽りの〔faux〕丁重さは一つの見せかけである。予審判事は見せかけを常套手段とする。

しあわせ――FÉLICITÉ――

これは外からくる幸福〔bonheur〕で、幸福な人そのものの中に根源を持つ至福〔béatitude〕と対立する。しかし、しあわせの中には同じような充足と同じような安全さとがある。しあわせを祝う〔féliciter〕という動詞が非常によく表わしているのはそれであって、そのことは、決して内面的な幸福には適用されず、かえって幸福に匹敵するような偶然に適用される。なおまた、しあわせを祝われる人は、自分の中に一種の運〔chance〕があったことを十分に感じていて、時として、自分自身の功績〔MÉRITE〕よりもそれを得意にするものである。この感情〔SENTIMENT〕には、審美的な〔esthétique：ESTHÉTIQUE〕ところがある。何となれば、それによって自分と事物の自然との間の一種の調和が意味されているからである。それで誰かが文法を知っていることに対してしあわせを祝うのは、場違いである。かれがそのことから肩書や地位を得たことを祝うのは正しい。そういうことは確かに、必ずしも功績の結果ではなく、それとは無関係の原因からくるのである。反対に、くじ引き〔Loterie〕で勝った人のしあわせを祝うのは自然である。

呪物―FÉTICHE―

呪物崇拝〔fétichisme〕は、その用途や有用性とは無関係の魔術的性質が具っていると看做されている特殊な事物を、対象として崇拝〔culte〕することである。実例、熱を予防する腕輪とか不幸をもたらす石とか。こういう考えは、自然力崇拝の宗教〔Religion〕が最も大きい位置を占めているような所では何処でも、極く当り前のことである。こういう呪物が一種の幸福を与えてくれるには、それを信じさえすればよいのである。こうして迷信は増える一方になり、些細な行為を複雑にし、あらゆる創意を妨げるようになる。しかし、高級な宗教によって統制されている呪物崇拝の名残りは、人間の本性に属するものであって、それから全く截ちきることは出来ないのである。

忠実さ―FIDÉLITÉ―

信仰〔FOI〕と類縁性のある徳〔VERTU〕。何となれば、忠実さというものは、疑おうと思えば疑えるものを、敢て信じようとすることを含んでいるからである。例えば母親は、子供が何をしても子供に忠実である。忠実な愛は矢張り自己に対する誓いと、若干の尤もらしい思想を退け若干の感情〔SENTIMENT〕の芽生えを退ける意志とを含んでいる。忠実さは、証明され〔prouvé：PREUVE〕論議の余地の無い思想に対しても矢張り必要である。何となれば人はそれらの思想を、もし忘れることが出来たら、みごとに忘れもすることであろうから。最後に、全て仕事というものは一つの選択に対する忠実さを基礎にするものである。それ以外の場合には、人は絶えず変り、何事もせず、何ものにもならないだろう。忠実さは精神の主要な徳である。

阿諛―FLATTERIE―

阿諛は、人が何か期待する〔espérer〕ところのある相手を恥知らずにも賞めそやす一種の嘘〔MENSONGE〕である。こういう阿諛は、われわれに好意を与え〔favoriser : FAVEUR〕得る〔立場の〕人のことを良く考えようとするものであるという理由で、稀なものである。つまり、阿諛は殆ど何時でも陶酔〔enivrement〕と人の気に入るという幸福以外のものではない。尚また、礼儀〔POLITESSE〕の上から若干の阿諛が必要になる。それは例えば、どうにも賞めることの出来ない沢山の事柄の中から、何かを賞めようとすることである。

信仰―FOI―――〔・信念〕

証拠〔PREUVE〕無しに、また証拠に反して、人間が自分の運命〔DESTIN〕を左右することが出来ること、従って道徳〔MORALE〕が空しい言葉ではないことを信じようとする意志。信仰の櫓、その最後の砦は自由に他ならない。自由は、信じなければならないものである。信じなければ、それを持つことが出来ないからである。そしてまた善〔BIEN〕と悪とがあることを信じなければならない。そしてこれは、前のことと殆ど同じことである。即ち、もしわたくしが自分を自由であると信ずるのならば、自分を自由に保つことは善であり、自分を奴隷にすることは悪だからである。おしつめて言えば、全ての悪は奴隷であることから起って来る。それは外面的な幸福を自由よりも好むということである。更にまた、仲間を信じ、彼には善悪を弁える力があり、自由の能力があると看做さなければならない。こういう信仰は慈悲〔CHARITÉ〕と呼ばれる。最後に、自然は原則として善い意志に反するものは何も持っていないこと、また逆に、信仰を持つ人は物質的な事業においても成功する、ということを少くとも信じなければならない。こういう信仰は希望〔ESPÉRANCE〕と名付けられる。神は自由で正義で〔juste：JUSTICE〕善良な人間のモデルである。このモデルは、それが人間に近いものであればあるほど有効である（何となれば、純粋精神では余りに事がうまく行き過ぎるからである）。そのことを神人〔イエス・キリスト〕の喩えは非常に良く表している。

身上《しんしょう》〔・運〕――FORTUNE――〔・財産〕

この言葉の二重の意味はなかなか教訓に富んでいる。それは富〔・身代〕〔richesses〕の起源を純粋な偶然（これがこの言葉〔FORTUNE〕の本来の意味である）に帰するものである。それは事柄の根本を示している。何となれば身の上に何かの運がなければ、仕事だけでは身代〔・富〕を作ることが出来ないからである。そういうわけで、身上を持つことが正しい〔juste：JUSTICE〕かどうかを尋ねることは、くじ引き〔LOTERIE〕が正しいかどうかを尋ねるのと同じことである。

率直(さ)　―FRANCHISE―

率直であるということは、先ず吟味をせずに、自然発生的に〔：SPONTANÉITÉ〕表現することである。このことは少くとも不躾である（「暗示」〔SUGGESTION〕を見よ）。例えば嘆き悲しんでいる〔affligé：AFFLICTION〕母親に、死んだ人は幸福だなどと言うこと。それは確かに考え得ることであり、時としてはそう考えることもある。しかしその場合でも必ずしも口に出すのが良いということにはならない。人を改心させようとする場合でも、決して心に起って来た通りの言葉を並べてはいけない。尚また厳密に言えば、心に起って来るがままの言葉は意味も何もない。加えて、常に真理を言わなければならないとしても、極めて屢々何が真理なのか判らないことがある、ということも考慮しなければならない。それ故全て思想というものは先ず第一に礼儀正しい〔poli：POLITESSE〕ものであり、第二に周到なものなのである。支那の礼儀は人に質問をすることを禁止する。実際答えようとしないことは屡々答えていることだからである。こういうやり方は裁判官のものであって、友だちのものではない。人の気持を傷つけない命題を思想と呼ぶことが出来る。率直さは、そういうわけで相手の特別な要求がなければ、また全てに慎重を期して一度ならず延ばしてみた上でなくては、表面に出してはならないものである。そこから奴隷の率直さ*である教訓談〔・寓話〕というものが出て来る。

* 〔編者の注〕訳稿には「率直さ」とのみあるが、〈esclave affranchi〉と言えば解放奴隷のことであり、〈franc〉にも古くは〈自由な〉――〈ville franche〉と言えば中世の〈自由市〉――という意味もあって、〈Franchise〉にはそういう〈特権的自由権〉、そういう〈（解放奴隷たちの）解放地区〉という意味もある。

巫山戯ること――FRIVOLITÉ――

人々の間の真面目さ〔SÉRIEUX〕と問題の真面目さ〔・深刻さ〕とを避ける為の、意志された、更に見せかけに装われた〔affecté：AFFECTATION〕軽快さと気紛れ。この意味において、巫山戯ることは深遠な技巧である。

激昂―FUREUR―――〔・癇癪（・かんしゃく）〕

狂乱の特徴を示す怒り〔COLÈRE〕の一時的状態。これは統制されていない怒りであるが、ただそれにおいては、その状態を育むのが（興奮〔EMPORTEMENT〕や残酷さ〔CRUAUTÉ〕におけるように）行動ではなく、むしろ身体の身体自身に対する反動である、というニュアンスがあって、病気に非常に似ているものである。激昂している人は避けることである。沈黙と隔離とによってそれに対し、決して理窟をもってしないことである。激昂はまさに理窟以前のものなのである。そのことはしかし、激昂が時として計画的であることを否定するものではない。激昂は時々本物の狂気の自覚的な〔volontaire〕発端となることがある。しかしそのことは、狂気が意志的な〔volontaire〕ものだという意味ではない。人が身を投げると、重さが人間を運ぶ。同様に興奮〔irritation〕が人を運ぶ瞬間が来る。

ぎごちなさ―GAUCHERIE―

自分自身の身体に対して持つ困惑のことであって、会合や社交会〔Société〕で自分の身体を処することを学ばなかったところから起って来る。それは小心〔TIMIDITÉ〕と全く同じではない。何となれば服装が新しかったり、これからしようとする行動が未知のものだったりする為に、そうとは知らずにぎごちなくなることがあるからである。それに反して小心は、形をとって表れてくることでますます激しくなる或るぎごちなさを意識〔sentiment〕し想像〔IMAGINATION〕することである。体操の練習〔EXERCICE〕はこういう全ての不都合に対する療法であって、われわれが欲することを正確に、躊躇や恐怖〔PEUR〕なしに、実行することを教えてくれる。

重苦しさ―GRAVITÉ―

これは笑いの拒否であって、いずれにしても形をとって表れてくるものである。重苦しさは結局吟味することの拒否に帰する。重苦しさは言葉のあらゆる意味におけるしなやかさ〔grâce〕を拒否する。重苦しさは他人と自分とを圧迫する。言葉自身が示しているように、それは重さ〔pesanteur〕と離れない。重苦しさは決して決定を下すことがない。それは決して自由ではない。重苦しさは過失〔FAUTE〕に目を配り、その上に重さをかける。重苦しさは事の成行の必然性〔NÉCESSITÉ〕を辿るすべしか知らない。それ故に重苦しさは属僚的なものである。それは法律〔LOI〕や命令を施行する。それは前例を教える。それは変更することの出来ないことを意味する。時は重苦しい〔・重大だ〕、ということは、わたくしが承認出来ないことを、全ての方策が悪いのに、それでいてどうしても選択を余儀なくされている為に、わたくしは決意しよう〔résoudre：RÉSOLUTION〕としている、ということを意味する。貧弱な政治は全て重苦しい。重苦しい人は次のように言う、《あなたは人がその欲することを行っていると信じている。しかしわたくしはそうではないということを良く知っている》、と。

習慣―HABITUDE―

考えずに、また考えているよりも良く行動する技巧。習慣の効用を理解しようと思ったならば、先ず修練を経ていない人をひどく苦しめる〔torturer : TORTURE〕自分に対する恐怖〔PEUR〕、緊張、及び激昂〔FUREUR〕の状態に注意すればよい。習慣は筋肉の行動を分割し、働く必要の無い筋肉を休めておくことによって、困惑や圧迫感なしに、また困惑や圧迫感に対するいささかの恐怖〔crainte〕なしに、迅速で柔軟な行動を可能にする。習慣は慣習〔coutume〕とは同じものではない。後者は確かに或る行動を容易にはするが、全ての行動をというわけではない。

憎しみ ― HAINE ―

憎しみは、未だ反省の加わらぬ形態のもとでは、怒り〔COLÈRE〕の予感にすぎない。そしてそのことは、極めて正しくも疎隔〔éloignement〕と呼ばれるものを説明するのに十分である。しかしこの憎しみによる孤独の為に憎しみは、異常に大きくなり、憎んでいる対象の欠点を絶えずでっちあげ、このものを弱小化し得るか破壊し得るものを欲しつづける、ということになる。これによっても、良く知らない人々のことを、どれほど人は憎み易いものかが判るのである。

果敢〔HARDIESSE〕

これは大胆〔AUDACE〕の運動であって、企画の中でよりも行動の中で多く現れるものである。ドイツ語源のこの言葉は、古風な職業的兵士に非常に良く当てはまる。彼らは始めのうちはのんびりしているが、やがて彼ら自身でも可能とは信じていなかったことを実行する。人は前以て果敢であることは出来ない。

理想〔IDÉAL〕

讃嘆し〔: ADMIRATION〕たり模倣し〔: IMITATION〕たりする目的で、人が自分の為に作り上げるモデル。理想はいつもそれにしみを附けるいささかの現実をも拭い去られている。厳正な裁判官が自分の家では吝嗇である〔: AVARICE〕ことを知るのを、人は好まない。真理の探求者が権力者にへつらった〔flatter : FLATTERIE〕ことを知るのを、人は好まない。全て愛というものは、愛の対象を理想に仕立てるが、この種の盲目は憎しみ〔HAINE〕に基く盲目よりもずっと害が少い。人が崇拝する〔adorer：ADORATION〕通りには存在したことのない汚れの無い英雄を崇拝すること〔culte〕によって、人類は自分を超えて向上する。レオニダスは理想である。スパルタもそうである。

偶像礼拝—IDOLÂTRIE—

肖像〔image〕（これが偶像〔idole〕ということの本来の意味である）は、精神の表徴であることが出来る。この意味において、外面の美〔BEAUTÉ〕は精神の均整を表現する。しかし肖像の中には何か人を魅惑するものがある。また反対に、人に好かれるすべを知らない正しい〔hônnete〕人たちも沢山いる。好きなものを尊重する〔：ESTIME〕のは、一種の食い道楽である。この快適に考えることに対する嗜欲〔APPÉTIT〕が、偶像礼拝の本質である。

想像(力)—IMAGINATION—

事物や人が現存しないのに、起り得たことを考えるだけで、それらによって感動する〔être ému : Émotion〕能力。例えば人はカラスの責苦を思い浮べる。そして恐怖〔terreur〕と憐愍とで感動する。人は戦争、一揆、疫病などを想像する。そして既に自分もそこにいるように信じてしまう。この想像の力は全くわれわれの身体に宿るものであって、われわれが開始する防禦や怒り〔Colère〕の運動に依存している。まだ存在しない悪に関して起るあらゆる種類の不安は、想像に依存している。全ての情念〔Passion〕は、或いは人が憎むものの力を、或いは人が愛するものの弱さと苦しみとを、想像するところから生れて来る。人はまた自分自身の苦しみを想像し、そうすることによって苦しみを非常に増大する。即ち屡々、実際の悪は意気の喪失〔Abattement〕によって人を麻痺させるのに、想像によってわれわれは、全力を挙げて自分を痛めつけ〔torturer : Torture〕るからである。人は行動と疲労とによって想像を殺す。

愚かさ ― IMBÉCILE ―

〔これ〕は判断において現れる一種の欠陥を意味する。愚かな人はけちくさい情念〔Pas-

SION〕しか持っていない。彼は人真似をし〔imiter : IMITATION〕、人の受売りをする。彼の意見は成行き次第でどうにでもなる。彼は自分が言ったばかりの事、聞いたばかりの事を忘れる。彼の考えは、喩えて言えば機械装置のように、目的もなく廻転する。彼は物事を信じ易く、しかも、物事をなかなか信じない［という態度を取る］ことの中で一層信じ易いのである。

模倣―IMITATION――〔・(人)真似〕

手本がそこに現れて来るものにとられている場合は、一種の馬鹿なこと〔BÊTISE〕。これに反してもし選択が加わっていれば、模倣は自分を勇気〔COURAGE〕づける手段となる。何となれば人がやったことは、自分にも立派にやれるからである。こういうわけで、讃嘆する〔: ADMIRATION〕のは良いことであり、讃嘆するものを模倣するのは良いことである。「イエス・キリストの模倣《まねび》」は、それが人間の宗教〔RELIGION〕であることを物語っている。何となれば神を模倣することは望み〔ESPÉRANCE〕の無いことだからである。人が模倣《まね》するのは、まさに神人［イエス・キリスト］である。

本能――INSTINCT――

〔これ〕は人間並びに動物における行動の一形式であって、同時に構造、情況及び実践に依存し、目的についての如何なる認識や意識〔CONSCIENCE〕も想定する余地がないのに、有益な目的に達するものである。手が目を保護するのは本能による。車を避けたり、溺れようとする人が救助人にしがみついたりすることなども、本能による。この最後の例は本能が、盲目的である為、役に立つものに関与しながらも、時とするとそれを外れることを示している。反感と共感とは本能的なものである。友情〔AMITIÉ〕と愛情〔AMOUR〕ともまた、その大部分が本能的なものである。

豪勇――INTRÉPIDITÉ――

これは意志よりも生れつきにより多く依存する勇気〔COURAGE〕の一形態である。それは恐怖〔PEUR〕の欠如であって、精力と迅速さと無経験とに同時に理由を持っている。

あるいは時とするとそれは（大コンデ公［のように］）、人が馬に鞭打つように煽り立てる怒り〔COLÈRE〕である。

陶酔（状態）―IVRESSE―

われわれを自己支配から解放する、欲せられ求められた興奮〔EMPORTEMENT〕。それにはぶどう酒の陶酔、祝祭の陶酔、讃美〔louange〕の陶酔、欲望〔DÉSIR〕の陶酔、快楽〔PLAISIR〕の陶酔、不信仰〔impiété：PIÉTÉ〕の陶酔、残酷さ〔CRUAUTÉ〕の陶酔、苦悩〔chagrin〕の陶酔などがある。しかしそれら全ての中には、不信仰の陶酔が含まれていると言える。何となれば陶酔は常に尊ばれるべき部分を卑しくする〔avilir：AVILISSEMENT〕ことだからである。全ての行動にはその陶酔がある。ダンスの陶酔（ぐるぐる踊り廻る清貧誓約回教僧〔tourneur〕）は良く知られている。殺人〔MEURTRE〕や残酷さの陶酔、怒り〔COLÈRE〕の陶酔、一か八かの陶酔、向う見ずの〔de tout oser〕陶酔などは、人が自らに与える愚行〔folie〕である。陶酔に陶酔することは全ての陶酔の上にあってそれら全てを説明してくれるものである。それは無節制〔intempérance：

TEMPÉRANCE〕の誉れである。

嫉妬――JALOUSIE――

これは執心〔ZÈRE〕と殆ど同じ言葉である。嫉妬は確かに他人の完全であることへの慎しみを欠いた配慮である。それ故に嫉妬は、自然に悪い助言者に乗り移り、主の本当の偉大さを、逆に、全て破壊することに精を出す。堕落させる人〔corrupteur〕は嫉妬に蝕ばまれている、と言うのは不適当であろうが、堕落させる人はあらゆる嫉妬の恰好の対象である。嫉妬は一つの執心なのである。

この執心は主として愛する人に向けられる。何となれば愛情〔AMOUR〕がこの相手を飾ること、それを立派にするものを喜んで想像し〔: IMAGINATION〕、それを駄目にするものを恐怖の念〔horreur〕を以て想像することに没頭するのは、自然だからである。もっとも、当然のことだが執心は、相手を傷つけるものが外面的で非本来的なものである、と考えるのである。そこから人は、愛する存在に陶酔〔enivrement〕、阿諛〔FLATTERIE〕、その他全ての種類の愛撫、追従などの卑劣な手段によって働きかける不届きな人間を探したり見出したり、或いは少くとも仮定したりしようとする。それ故に嫉妬は、嫉妬の鋒の向っている相手を想像の中で絶えず傷つけたり低めたりするが、その代りに自分が後生大事に〔jalousement〕護っているその人を、飾ったり立派にしたりしようと懸命になる。そこで嫉妬は、屡々尊敬すべきもの〔honnorable〕であり、また高邁なものでさえある、ということになる。しかしその代り、荒唐無稽な想像の戯れ〔Jeu〕に弄ばれるということになる。

遊び〔Jeu〕——〔・戯れ・ゲーム・賭博〕

人は一貫した脈絡の無い〔sans suite〕活動、即ち後の続き〔suite〕が出発点から切り離されて出発点が消し去られることを前提としているような活動を、遊びと呼ぶ。もし子供たちが木の枝で家を建て、それに家具を置き、それを修繕するならば、それは最早遊びではない。もし或る子供が毎日商売をして金を貯め込むとすれば、それは最早遊びではない。家を建てたり雑貨商〔の真似〕をして遊ぶ〔jouer〕ことは、結果を後まで取っておくことなしに或る行動を模倣する〔: Imitation〕ことである。そのことは棒投げやまり投げの試合ではっきり認められ、新しく始められる試合が前の試合から独立したものであることは、納得尽のことである。この性格〔Caractère〕は、人が新規にやり直す組合せによる遊び（チェスやトランプ）の中で、一層顕著である。偶然の遊び〔・運頼みの勝負事〕〔Jeu de hasard〕においては、次の勝負が前の勝負から全く独立だ、というのがその規則である。

遊びの情念〔Passion〕は期待〔Espérance〕の感動〔Émotion〕と対応するものであって、この感動は最初はわれわれの全ての企てに輝きを与えるが、やがて現実の辛い仕事によって押しつぶされるものである。遊びは全く新しい希望〔Espérance〕と自由に処理出来る恐怖〔crainte〕とを、人が欲するだけ、再々と蘇らせることによって、現実の辛い仕事から逃避する手段を提供する。こういう営みによって、人は何ものにも驚かないという傲慢さ〔Orgueil〕を自らに与える。それ故にこの情念には何処か高貴なところがあり、それは仕事の試錬なしに、また現実の企ての幻滅なしに、意志の喜び〔Plaisir〕を与えてくれる。それ故にまた、この情念は誇り高い人々にとって恐しいものでもある。

正義｜JUSTICE｜

正義は合理的な部分が、強欲で、貪欲で〔avide : AVIDITÉ〕、貪婪で、物盗りの部分を支配するために設置された力である。そのことが汝のものと我のものの問題を、裁く人〔arbitre〕のように、或いは裁く人によって、解決させることへと導く。

強欲な部分は、極めて術策に富み、判断を惑わしてかかるので、正義も反対の術策或いは予防策によって始めて自分を貫徹する。契約は正義の重要な部分であって、貪婪さが未だ目の前に対象を持っていない時に結ばれるものである。或る人が二人の相続人の間に次のような分配契約を考え出した。《汝が分割を行い、我がどちらかを選ぶ。或いは我が分割を行い、汝がどちらかを選ぶ》。このことは他のいろいろな術策がありうることを示唆している〔suggérer : SUGGESTION〕。あらゆる契約を外にして、正義の規則は平等〔ÉGALITÉ〕ということである。即ちあらゆる交換、分配、または支払いにおいて、わたくしは自分の知っているすべての知識を以て相手の立場になり、具体的な取決めが相手に満足を与えるかどうか決めなければならない。

正義の基礎である他人に対するこの深い配慮は、人間は常に目的として考えらるべきであって決して手段として考えられてはならない（カント）、ということに帰着する。例えば俸給においては、それが人間的な生活を許すかどうかを検討しなければならない。信心深い〔pieux：Piété〕女中に対しては、教会のお務めに出席し、彼女の福音書を読む時間が彼女に残されているかどうか、などを考えてやらねばならぬ。家政婦の子供たちのことなどを考えてやらねばならぬ。これらの例によって、仲介者（仲買人、執事、百貨店）無しで済ますに応じて、正義を実行する一層多くの手段を人は持つ、ということが判るだろう。

卑怯（な行い） ― LÂCHETÉ ―

これは、恐怖〔Peur〕を恐怖することによって一層恐怖を増大させ、この情感〔Affection〕が惹き起す全ての予見によって尚も恐怖を増大させる情念〔Passion〕である。恐れ〔crainte〕は既に恐怖よりも分別がある。何となれば恐れは単に可能な恐怖と、恐怖の原因と、それに対して見出され得る療法とを全て含んでいるからである。しかし卑怯は自己に対する深刻な軽蔑〔Mépris〕と完全な宿命論〔Fatalisme〕とによって、この恐れを体系に発展させる。それで卑怯は殆ど全く想像上の〔: IMAGINATION〕ものであり、好んで自分の名誉を傷つける。卑怯の特色の一つは、降参することを予め確信しているということである。この確信は、自己に対する恐れの頂点であり、それ故に卑怯そのものと同じ徴候によって、知られるのである。

醜さ｜LAIDEUR｜

芸術は時として、醜い形というものは存在しない、醜いのは形のしかめ面だ、ということを判らせてくれる。この意味においては、美しい顔だちも醜くなり得るし、反対に、余り快適でなく、それどころか殆ど醜悪な形も、それ自体の均整［を取ること］によって立派になり得る。こうして彫像は、モデルがどうあろうとも、美しくもなり得るし、また醜くもなり得る。美しい顔だちの上に浮んだ愚かな〔niais〕笑いを考えても見給え。これ以上に醜いものはない。それ故に母親が癇癪を起している〔rageur〕子供に、《まあいやだ、何ていう汚ならしい〔laid〕顔をして》と言うのは、決して誤っていないのである。醜さ、というのは、顔に出ている愚かさ〔SOTTISE〕、激昂〔FUREUR〕、不節制〔: TEMPÉRANCE〕、不正義〔: JUSTICE〕のことである。

涙 | LARMES |

血液が、或いは筋肉収縮の結果によって、或いは血液を身体の表面から遠ざける自然の反射〔RÉFLEXE〕(例えば寒さの場合)によって、内臓の深みに逃げ込むことは、感動〔ÉMOTION〕(特に驚き)［が起った場合］の一つの法則〔LOI〕である。全て感動はこの理由から内臓(脳、肺、腸)の充血によってひどくなる。涙は血液の水分の自然的な瀉出であって、危険な［程度にまで高まった］圧力を、別の反射によって軽減するものである。尚また、驚きに属する全ての感動(喜び〔joie〕、崇高〔SUBLIME〕)は、こうして涙の(そして全ての分泌の)一滴によって緩和される。それ故に涙は感動の徴候であるよりは、それが治って来た徴候である。

論理(学) ―LOGIQUE―

精神が考察する対象の如何に拘らず、精神が自己自身に対して負っている義務〔:DEVOIR〕を、精神に教える学問。精神は普遍的に〔:UNIVERSARITÉ〕、言い換えれば経験から独立した証明〔PREUVE〕によって、思考するという義務を、自分自身に対して負っている。例えば人は経験論によっても、極めて正しく計算することが出来る。しかし少くとも一度は証明を把握することが精神には一層ふさわしいことである。論理には、抽象的なものから具体的なものにゆくに際して、幾つかの段階がある。アリストテレスの論理学は、言語活動における斉合性を論ずる一般文法である。デカルトの論理学もしくは秩序の論理は、〔中断のない〕完全な系列によって思考することを教えてくれる。カントの論理学即ち先験的論理は、あらゆる認識において形式を実質から引離し、あらゆる種類の証明を可能な限り純粋にする。最後に、ベーコンの論理学即ち実験的論理は、計量、記述的言語、道具、記録、公開討論などに関して、あらゆる経験に対する組織的な対応策を探求する。

法―LOI―――〔・法律・法則〕

全ての存在が服している、原因‐帰結の結び付き。何ものも重力を逃れることは出来ない。誰も痛みを感ぜずに打つことは出来ない。何びとも、復讐される危険なしに復讐することは出来ない。この最後の例は、［この言葉の］一般的意味（自然の法［・法則］）から特殊な意味（社会〔Société〕の法［・法律］）への移りゆきが、どういうふうになっているかを示している。社会もしくは社会を治める国家は、有害な行動に伴う結果に保険をかけ〔assurer : Assurance〕、災いを回避しようと努力する。例えば殺人犯人が群衆によって八つ裂きにされてしまうことは、一つの法［則］であるが、それには混乱、恐怖〔terreur〕及び誤謬が伴う。それ故に人は結果に先回りして、全ての犯罪に端を発して捜索、訊問、公開裁判が行われ、屢々公衆の反応の特徴を示す遅滞や行き過ぎが起らないように、定めるのである。

富くじ―LOTERIE――〔・くじ引き・賭〕

これは何らの不正義〔injustice：JUSTICE〕も惹き起さずに運〔FORTUNE〕に賭け〔jouer：JEU〕させる方法である。富くじの機構全体は機会を均等にすることに向けられる。こうして機会は純化される。十万人の貧乏人が依怙ひいきなしに彼らの中の一人を金持ちにする。富くじは保険〔ASSURANCE〕の逆である。

猥褻―LUXURE―

〔これ〕は輝かしい行き過ぎを意味し、あらゆる種類の飾りと見せびらかしに関係している。従って猥褻の中には贅沢〔luxe〕におけると同じように人を躓かせるもの〔du scandale〕がある。猥褻は特にスキャンダル中のスキャンダル、即ち見世物と化した厚顔を意味する。人間の肉体や人体の秘密を公開することは、見る者に対して殆ど抵抗し難い作用を及ぼす。彼の中では怒り〔COLÈRE〕が欲望〔DÉSIR〕に混りあって、欲望を脹れあがらせる。そしてその力強さの意識〔sentiment〕が、猥褻と名付けられる情念〔PAS-

SION〕をあらゆる限度を超えて増大させるのである。恐らくこの情念は、常に屈辱感と怒りと残酷さ〔CRUAUTÉ〕とを混えた一種の陶酔〔IVRESSE〕を伴うことによって、全ての情念の中で最も恐ろしいものである。ラブレー的精神は、猥褻な見せびらかしの滑稽さと醜さ〔LAIDEUR〕とを強調することによって、猥褻の全く逆を行くものである。そして、何故想像〔IMAGINATION〕上の猥褻が最も恐ろしいものであるかを判らせてくれる。

淋巴質—LYMPHATIQUE—

これは食物を食べて眠っている小さい子供の体質〔TEMPÉRAMENT〕である。筋肉は円くて柔かく、脂肪が多く、乳に満足し、注意が散漫〔inattention〕になっている。この体質は或る人々においては支配的なまま残っている。

マキャベリズム—MACHIAVÉLISME—

これは情念〔PASSION〕も信仰〔FOI〕も尊敬も愛も無いと想定された権力の手練手管

である。他の人々を統治するために、彼らの情念に冷酷に働きかけることが問題なのである。例えば無実の人の処刑の責苦は、暴君にとって役に立つ結果を生み出す。マキャベリはこういう思想に基いて「君主」を描いた。しかしこういう君主は存在するものではない。人間というものは打算するよりも寧ろ興奮するもの〔: EMPORTEMENT〕である。彼らは自分が満足する為に復讐するのである。

広量 MAGNANIMITÉ

字義どおり魂の大きさを意味する。すなわちそれは小人たち、区々たる策謀、姑息な算段、一般的に言って精神を低めて肉体の利害へと引戻すようなものに対する無関心において成立する徳〔VERTU〕である。広量とはひたすらに魂の自由な部分を尊敬し、奴隷化するものを軽蔑〔MÉPRIS〕することである。好奇心は殆ど常に魂の大きさの逆であり、憎しみ〔HAINE〕は常に逆である。そしてそれはまさに、人が憎しみを自分にふさわしくないものと判断するところから来る。魂の大きさ（或いは単に大きさ〔・偉大さ〕と言うことが出来る）による赦し〔PARDON〕は慈悲〔CHARITÉ〕から来る赦しと同じものではない。慈悲は、最後の一人まで信頼する〔se fier〕。魂の大きさは、人に不信を抱く〔se défier : DÉFIANCE〕ことを潔しとせず、黙殺するのである。

支配｜MAÎTRISE｜

支配とは自分を支配することである。人が支配者であるのは、単にノウ・ハウを知っているだけではなく、〔ここぞというところで〕彼の全ての力を自在に使用し得る時である。この言葉のこの意味は美しい。先ず自分を司る者でなければ、支配者とは呼ばれない。

呪咀｜MALÉDICTION｜

これは祝福〔BÉNÉDICTION〕の反対であって、悪の厳かな告知である。呪咀の特徴である確信にみちた語調は、呪咀される相手の想像力〔IMAGINATION〕に深く刻みつけられる。呪咀は同時に脅迫であり、予言〔PRÉDICTION〕であり、また殊更に礼儀〔POLITESSE〕を破る〔violer〕という意味において既に暴力〔VIOLENCE〕である。到るところで絶えず呪咀を加えられたら、それに抵抗し得る人間は、恐らく一人もいないであろう。呪咀された人は、自分の滅亡に向って走ってゆく。

唯物論 ― MATÉRIALISME ―

これは、自動力を欠き、偶然に左右される事物の盲目的な運動と交錯とによって、全ての事を説明しようとする、事物と人間とに対する、一つの考え方である。それはまた、常に高次のものを低次のものによって、即ち例えば脳の中に含まれる僅かばかりの燐によって思想を、血液の熱と圧力とによって勇気〔COURAGE〕を、淋巴体質〔TEMPÉRAMENT LYMPHATIQUE〕によって善意を、筋力によって仕事を、脳の形と重さとによって知性を、風土と産物とによって法律〔LOI〕を、人口過剰によって侵略を、職業《メチエ》によって風習を、職業《メチエ》の習慣〔coutume〕によって宗教〔RELIGION〕を、機械設備の変化によって革命を、説明しようとする態度でもある。この最後の形態の唯物論は、カール・マルクス以来、歴史的唯物論と呼ばれる。同じ著者によれば唯物弁証法は、低次的条件に働きかけて、人間の考えをも変えようとする一つの方法である。

悪口 ― MÉDISANCE ―

これは本当の讒謗〔CALOMNIE〕である。しかし人は事実だけしか確証することが出来ない。悪口の中で人の意図に向けられた全ての部分が、実際には讒謗なのである。

知らないのに人をやっつけるのは立派なことではない。しかし知っているが故に人をやっつけるのも立派なことではない。それが許されるのは裁判〔Justice〕においてだけである。その場合でも［自分の言うことを］事実に局限して、それに如何なる推定も加えてはならない。推定は人に好意的な〔favorable：FAVEUR〕もの、またその名誉になるものでなければ許されない。真実であることがここでは正しいこと〔le juste：JUSTICE〕である。そして正義〔le juste〕は、慈悲〔CHARITÉ〕にまで至る。不正〔injustice〕を推定することは不正なことである。そして不正は、盗みにおいてさえも、証明する〔prouver：PREUVE〕ことが出来るような代物ではない。それを証明しようとするのは過失〔FAUTE〕である。

多くの人々が、他人については、義務〔obligation〕による場合のほかは、決して語ってはならないと勧告している。他人については、人がいとも簡単に彼らに付与する怪物の外貌を彼らから取り除いてやる為にのみ語ることが、もっと良いことである。人を責める〔accuser〕よりも赦す〔excuser〕ことの方により多くの洞察が存する。

虚言 | MENSONGE | ——〔・嘘〕

虚言とは人が真実であることを知っている事柄について、その真実を言う義務がある〔: DEVOIR〕人を欺くことである。虚言はそれ故に背任〔abus de CONFIANCE〕である。虚言は、少くも暗々の裡に、人は真実を言うことを約束した、ということを前提としている。行くべき道をわたくしに尋ねる人に対しては、わたくしにはその真実を言う義務がある、ということは暗黙の前提である。しかし、もし彼がわたくしの友だちの一人にどういう欠点があるかをわたくしに尋ねる場合には、そうではない。裁判官〔juge〕自身も、もし人が容疑者の友人、使用主、或いは使用人である場合には、宣誓しないことを許すのである。また宣誓を拒否することがわれわれの義務〔DEVOIR〕となる場合もある（例えば告解〔CONFESSION〕に関する司祭の場合）。但し宣誓を拒否すること、それは時とすると自白する〔avouer：Aveu〕ことである。その時は誓いを立てた上で嘘をつく〔mentir〕べきであろうか。それがこの問題の難しい点で、それを簡明にしてもらえれば、両親、教師及び裁判官たちは非常に助かるのである。

軽蔑―Mépris―

軽蔑とは、或る人間を自分の仲間として認めることの拒否である。その時に人は彼の名誉、彼の判断、また彼の言葉〔parole〕の一つをも信じていないのである。人は彼の合図によって少しも心を動かさない。人は彼がそこにいることさえも意に介しない。軽蔑は慈悲〔Charité〕の反対である。

功績―Mérite―

功績は酬いらるべきもの、言い換えれば外面的利益を受けるべきものである。功績はそれ故に、人が成功しなかったこと、内面的な酬いを獲得するのにさえも成功しなかったことが前提となっている。功績に価するのは勇敢で〔courageux : COURAGE〕しかも無効な努力である。従って或る作品、或いは或る人に功績があると言うのは、かなり控え目な讃辞である。

殺人――MEURTRE――

これは自分の同類を殺すという事実があって、計画的な〔volontaire〕ものであったか、或いは酌量されるべきものであったか、或いは不可避のものであったか、それがまだ判らない場合に使われる。殺人は常に調査が行われる。何となれば犯罪〔CRIME〕の外見があるのを軽々に黙過することは出来ないからである。不注意〔imprudence〕による殺害〔homicide〕は次の点において殺人と異る。即ち、殺害においては死は人が捲き込まれた事故〔ACCIDENT〕であって、それに反して殺人は殺すという実質的な行為であり、従って人間の事実であって事物の偶然の邂逅ではない。

奇蹟―MIRACLE―

習慣〔coutume〕によって予見することが出来ず、悟性によって説明することが出来ず、一種の自然の応答によって英雄的行動を完成する出来事を、奇蹟と呼ぶ。真の奇蹟は人間のものである。

蜃気楼―MIRAGE―

砂から立ち昇ってくる熱い空気の所為で起る視覚の幻覚。更に広く、われわれの欲望〔DÉSIR〕と一致し、われわれが懸命になってそれを美化しようとするあらゆる予見。こうして沙漠の中で広い水面が見えると信じている人は、自分が見ているものが何だか判らないが、水面が見えていると決めてしまっているのである。故に蜃気楼は、主として外面的出来事に関する、人の手放したがらぬ誤謬である。

人間嫌い――MISANTHROPIE――〔・厭人主義〕

人間に対する愛で、自分が欺されたと早まって結論しているもの。人間嫌いの中には大きな希望〔ESPÉRANCE〕と大きな幻滅とがある。慈悲〔CHARITÉ〕は人間嫌いになるまいとする一種の誓いである。

道徳――MORALE――

公平な証人がその隣人〔prochain〕に勧告する際の原理、格率及び規則の全体。人が隣人〔voisin〕から要求する道徳には、不確実な点はない。難かしいのは自分自ら道徳を実践することであって、人が自分の道徳的判断を作り上げるのは、その点に注意を向けることによってである。即ちそのことを考えれば直ちに人は、他人において非難したばかりのことを喜んで自分が行うことは、最早憚るようになるであろう。

致命的［MORTEL］

或る罪〔Péché〕について言われる。これは魂の魂、即ち意志を殺すものである。致命的な罪は内なる悪魔〔Diable〕から生ずる。人がそれを考えれば考えるほど、それから解放されることを希望し〔espérer〕なくなる。例えば羨望、人が羨望する機会を求めるや否や、人は自分があらゆる讃辞や功績〔Mérite〕を羨望するようになることを知る。人はそうなることを決意する〔jurer〕や否や、すべての人もそうであり、それが人間の一つの法則〔Loi〕であると決意してしまうのである。

赦免〔Absolution〕が登場するのはそこである。何となれば、絶対的な〔Absolu〕命令〔décret〕とやり直しが必要だからである。赦免に値するのは軽い過失〔Faute〕ではなく重大な過失である。例えば自分のことに殆ど無関心な一寸した怠け者を罰する〔punir〕のは適当である。しかし傲慢〔Orgueil〕に由る決意〔décret〕によって怠け者である人を罰してはならない。何となれば彼は罰せられることを待っているからである。恩寵ということがここでその十全の意味を発揮する。

もっと一般的に言うと、自分の決意〔Résolution〕を破棄し、自分のすべての思想から重味を奪い取ってしまう人のそういう属性が致命的なのである。反対に英雄は不死の［・致命的ならざる］〔immortel〕人間として思考し行為する。

天真――NAÏVETÉ――〔・無邪気(さ)〕

正確に言えば、生れながらの〔natif〕、言いかえれば、模倣〔IMITATION〕と流行とから来る偏見〔PRÉJUGÉ〕のない状態。天真は説得によって動かされず、人の意見を尋ねない。しかし、それは感情〔SENTIMENT〕の伝染によって、人の意見に感じ易い。それ故に天真からは脱却しなければならないのである。それは自然らしさ〔le naturel〕と同じ言葉であるが、ただ天真の方は子供の自然らしさで、無邪気さ［・罪のなさ］〔innocence〕を含むが、自然らしさは犯罪〔CRIME〕の中にも見出され得るというニュアンスの違いがある。

必然性――NÉCESSITÉ――

その反対が考えられ得ない〔inconcevable〕ものは、必然的である。例えば幾つかの数の和は、それらの数が与えられれば必然的になる。それ以外であることは出来ない。純粋な状態における必然性は、部分と全体、含むものと含まれるもの、計量関係、重量、速度、圧力、衝突、その他これに類する全ての関係の中に見出される。自然に人はそれをわれわれに十分機構の判っていないもの、例えば、砂糖が水に溶けるとか、金が水銀に融けるとか、砒素が毒だとか、等々ということにまで拡大する。これらすべての場合においては、必然性は自明でない。しかし恒常性は必然性の徴しである。人は必然性が常に仮説的なものであることに気づくだろう。一つの三角形を仮定すると、その角の和が二直角（即ち百八十度）であることは必然的である。絶対的な〔ABSOLU〕（仮説的でない）必然性は、それ故に考えられ得ない。この〔ことへの〕注目が、宿命論〔FATALISME〕を克服する手段の一つである。

投げやり――NÉGLIGENCE――〔・なおざり〕

魂の大きさの普通の結果であって、事実魂の大きさは細かいことにこだわらないからである。しかし投げやりは何らの心の大きさが無くとも、生れつきであり得るし、或いは魂の大きさを真似すること〔: IMITATION〕により作為された〔affecté : AFFECTATION〕ものでもあり得る。

神経質(な人)――NERVEUX――

これは学問や芸術に対する才能に恵まれた人間の気質〔TEMPÉRAMENT〕である。蒼白い顔色、細い筋肉、発達した頭蓋骨、落着きのない態度、表情に富む顔、これらが神経質の特徴である。落着きのないことによって聡明である。何となれば、神経質な人は対象に適応するからである。しかし不忠実〔infidèle : FIDÉLITÉ〕で忘れっぽい。また常に自分の幸福の為を考え過ぎる。

楽天主義――OPTIMISME――――〔・楽観主義〕

生来の悲観主義〔PESSIMISME〕をしりぞける為の意志的な判断。楽天主義は、屡々苦痛、病気及び死によって打ち負されるが、悲観主義が人間に対する判断において自分が優勢になろうとしていると思いたくなるまさにその時に、楽天主義は勝利を収める。何となれば人は常に、自分が欲しさえすれば、少なくとも自分の自由になる範囲内においては、その同類を理解し救うことが出来るからである。当然のことながら、人は最も悪い外見をも悪く解釈することを拒否しようとするだろうし、そこに善〔BIEN〕を求めようとするだろう。良く考えると、この好意的態度〔FAVEUR〕は正義〔JUSTICE〕に他ならない。より正確に言えば、こういう好意的態度を追求することが、最も美しい思いなしによれば、即ち人間嫌い的な〔:MISANTHROPIE〕ものは虚偽である、という考えに基けば、正義に他ならないのである。

傲慢(さ) ─ORGUEIL─

これは威厳の感情〔SENTIMENT〕、自己を低め恐怖する〔craindre〕ことの拒否、であるが、それには激しい怒り〔COLÈRE〕の運動が伴っていて、その為に目的を逸することになる。それとは反対の謙遜〔modestie〕は、行動において中庸〔modération〕を保つことである。

諧謔｜PAILLARDISE｜

これは明るい欲望〔Désir〕である。また情念〔Passion〕に対して笑いをもって身を守ることである。諧謔は人を犯罪〔Crime〕へ向けて導かない。沢山の言葉、騒がしさ、開け放しであること、こうしてラブレーはすべてを大真面目にとる愚か者〔fou〕の真面目さ〔Sérieux〕に真っ向から狙いをつける。愚か者の真面目さは、愉快な事柄から愉快な要素を除いてしまう。真面目さは義務〔Devoir〕の念によって犯罪に及ぶ。つまり義務を遂行した、ということが重要なのである。人が嫌がることを欲するのは悪徳〔Vice〕である。まず笑うことを欲するのは、最早悪徳ではない。バッカス〔Bacchus〕の歌の意味はそこにある。つまり酒を飲むという幸福が結局他の全てに勝ることになるであろうから。全ての頽廃の中にある瀆聖の観念は諧謔とは縁のないものである。

平和―PAIX―

これは一人の人間が、自分に敵があると認めず、また如何なる他人の不幸も歓びとしないでいる状態である。平和は、単に無関心〔indifférence〕の状態を予想するばかりでなく、更に全てのことは人間同士の間で理性と忍耐〔PATIENCE〕とによって解決されるべきで、発作的状態は永く続くものではない、という積極的な信念〔FOI〕を予想する。この信念は、国家の間の関係にも同様に妥当する。

汎神論―PANTHÉISME―

これは全ての力、樹木、穀物の穂、牝牛、狼、河、噴火山などを礼拝〔culte〕の対象とする自然宗教〔RELIGION〕であって、その場合それらの対象は、世界という唯一の神のさまざまな現れと看做されているのである。汎神論とは、全ては神であるということと、神であるのは全体であるということとを、同時に意味する。

復活祭｜PÂQUES｜

これは春と復活〔résurrection〕との祭りである。復活祭は自然と精神との両方面の斎戒期間を、言い換えれば緊張と痛悔〔REPENTIR〕との時期を前提としている。人間は精神の復活祭を発見しなければならないが、自然の過越《すぎこし》の祭〔Pâque〕は、世界と自分との盟約を新たに結び直す好機である。

天国｜PARADIS｜

人間が最早魂だけになり、必要〔Nécessité〕から解放されるようになる想像上の〔: IMAGINATION〕場所。魂が認識し愛することを妨げるようなものは何もない。天国は「人間が天国のことを考えている時の、その」幸福な瞬間から見れば何物かである。しかし天国を信ずるにはそれにふさわしくなければならない。不信者〔incrédule〕たちは、天国の悪いところは退屈なことだ、と言ったが、なかなかうがった言葉である。

赦し［PARDON］――〔・赦免〕

これは文字どおり無償の贈物であり、義務づけ〔：DEVOIR〕られていない贈物である。赦す〔pardonner〕ことは正しい〔juste〕［・正確な・勘定の合った］勘定書ではない。赦すことは正しい［・正義である］〔just：JUSTICE〕ということ以上のものである。それは償いに、更に本当の痛悔〔REPENTIR〕にさえも先行する。赦すことは、罪人を出来る限り復讐や追求に対して安全な場所に置いてやることである。それは罪人を自分に直面させ、彼自身をして自分の裁判官たらしめることである。外面的な刑罰〔peine〕は何の足しにもならないし何も解決しない、というのが赦しに含まれた思想である。これは他人に対する側面であるが、また、復讐精神は軽蔑〔：MÉPRIS〕すべきものであり、節度を欠くものだという思想も含まれている。赦すことがもつこれらの理由は、至上的なところがあり、いま一つの別な生命、言い換えれば魂の生命とも呼ばれる内面的生命に深い関係を持つものである。

情念｜PASSION｜

これは人間における情感〔AFFECTION〕の最も一般的な段階である。感動〔ÉMOTION〕なしには情念はない。ただし感動だけをとってみると、それは運動から成立つもので、行動によって解消する。わたくしは恐怖〔PEUR〕を覚え、そして逃げる。わたくしは欲望を起し〔convoiter〕、そして取る。わたくしは怒り〔：COLÈRE〕、そして引き裂く。動物には感動しかない、ということは認められている。人間は感動を記憶し、それを欲望し〔：DÉSIR〕、またそれを恐れる〔craindre〕。彼は感動の再来を予見し、好んでそれを挑発する。彼は感動から解放されようと試みながら、全てこれらの想念によってそれを激化する。そこから彼は一種の迷信の状態に陥り、自分は感動に対して無力だと思い込むようになる。そのことが魅力と反撥とを、習慣的な〔：HABITUDE〕感動を惹き起す全ての事物や全ての人間に感じさせるところまでゆく。情念の中には責苦があって、〔情念という〕言葉そのものがそれを示している。有名な例を挙げると、愉悦〔ALLÉGRESSE〕、怒り〔COLÈRE〕、及び恐怖〔PEUR〕の〔三つの〕感動に対応する愛と野心〔AMBITION〕と吝嗇〔AVARICE〕と。

忍耐〔PATIENCE〕

これは中庸〔TEMPÉRANCE〕の一形態であって、情念に駆られた〔passionné〕期待〔attente〕の性急さに対立するものである。性急さは何事をも結果に寄与し得ないのであるから、忍耐を欠く人は、必ず幻滅を味うことになり、彼の全ての注意を集中しなければならない時に、自分の計画を放棄する。農民の生活は忍耐の学校である。何となれば人は芽生えを早めることも出来ないし、たった二日で牡牛を作り出すことも出来ないからである。忍耐は忍耐を欠く人々に対して特に発揮されてこそ意味がある。

祖国〔PATRIE〕

種族、言語、歴史の統一であって、それが要求する犠牲によって人を縛りつけるものである。戦争の状態は祖国愛を、それを浄化する希望〔ESPOIR〕のないままで、狂乱状態にまで至らせる。祖国は人類へ向って人を導かない。祖国は民衆を自分の中に吸収し、自分の方から彼らへと赴かない。祖国は帝国主義をもって完結する。この傲慢な〔：ORGUEIL〕感情〔SENTIMENT〕は勇気〔COURAGE〕と讃嘆〔ADMIRATION〕とによって一層高められる。それがあらゆる怒り〔COLÈRE〕、あらゆる憎しみ〔HAINE〕、あらゆる残酷さ〔CRUAUTÉ〕を許し、また名誉とさえする〔glorifier〕のは、そういう理由によるのである。人が祖国に厳密に負うているものだけを祖国に対して認め、他の全ての感情〔SENTIMENT〕を蹂躙するこの狂信的な〔：FANATISME〕愛に決して溺れないようにするということ、それが知慧〔SAGESSE〕である。

罪―PÉCHÉ―

これは主に背く過失〔FAUTE〕である。罪の中には、主がそれを恥じるというニュアンスがある。主が罪を犯したその者である、という場合も起って来る。最大の罪は精神《エスプリ》〔・聖霊《エスプリ》〕〔ESPRIT〕に対する罪であるということが屢々言われる。よく注意してみると、それが唯一の罪なのである。罪は罪を犯した当人に対する結果だけが問題になるという点において、犯罪〔CRIME〕と異る。

贖罪―PÉNITENCE――〔・悔悟〕

これは人が、快楽〔PLAISIR〕と苦痛とに対抗して意志を働かせることが出来るということを、自分自身に対して証明する〔prouver : PREUVE〕為に、自らに課する自発的な罰〔punition〕である。そして、まさにこの証明によって、人は後悔〔REMORDS〕から痛悔〔REPENTIR〕へと進んでゆく。

思考すること―PENSER―

これは精神に現れることを吟味し、精神の判断を停止し、精神自身を規制して恣意に陥らないようにすることである。思考するとは、一つの観念からそれに対立する全てのものに移ってゆき、全ての思想を現在の思想に関連させるようにすることである。故にそれは自然的な思考の拒否、そして根底的には、自然の拒否であって、事実、自然は思考を判断することが出来ないからである。それ故に思考するとは、われわれのうちにある全てのことは、それが現れてくるまでは必ずしも正しくない、と判断することである。それは永い仕事であり、予め打立てられた平和〔Paix〕である。

悲観主義｜PESSIMISME｜

〔これ〕は自然的なものであってその証拠〔Preuve〕に満ちている。何となれば人は誰でも煩悶〔chagrin〕、苦悩〔douleur〕、病気、或いは死を決して免れ得ないからである。元来悲観主義は、現在は不幸でないがこれらの事柄を予見している人間の判断である。悲観主義は自ずから体系の形をとって表現され、（そう言ってよければ）好んであらゆる計画、あらゆる企て、あらゆる感情〔Sentiment〕の悪い結末を予言する〔: Prédic-tion〕ものである。悲観主義の根底は意志を信じないことである。楽観主義は全く意志的である。

恐怖｜PEUR｜――〔・恐れ〕

感動〔ÉMOTION〕の中で最初のもので、それは〔不意を討たれた〕驚きから起る。驚きは、全ての筋肉の秩序を欠いた突然の収縮に血行の混乱と内臓の充血とが加わって生み出された、思わず飛び上ること〔sursaut〕〔という動作〕によって示される。この種の病気は、恐怖〔PEUR〕を恐怖するという恐怖を二重にする精神の病気を、直ちに伴うものである。恐怖は勇気〔COURAGE〕の素材である。

哲学 — PHILOSOPHIE —

これは殆ど全ての善〔BIEN〕と殆ど全ての欲望〔DÉSIR〕との空しさ〔Vanité〕を知ることによって、先ず幻滅と屈辱感とに対して自らを守ろうとする魂の態度である。哲学者は自然でそれ自体に嘘〔MENSONGE〕を含まないものだけを確めようと志す。彼の欠点は他を非難しようとする傾向が強いことと懐疑を好みすぎることである。

敬虔｜PIÉTÉ｜

これは下の者から上の者に向う愛である。例えば子供の敬虔〔piété filiale〕〔・親孝行〕ということが言われる。そして神々に向うのも同じ感情〔SENTIMENT〕である。敬虔は判断することを自らに禁ずる。また如何なる気分をもそれに混えることを許さない。従ってそれはまた一種の礼儀〔POLITESSE〕でもあって、形式や或る種の厳粛さを決して軽蔑〔: MÉPRIS〕しない。敬虔は情念〔PASSION〕から浄化された感情の一例である。

快感｜PLAISIR｜――〔・快楽・喜び〕

快感は人が引延ばしたいと思い、また人が求める情感〔AFFECTION〕であって、それを直ちに獲得させてくれるような若干の事物と極めて特定の若干の情況とによって左右されるものである。幾つかの例。わたしはクッキーやりんごや苺や、夏にはアイスクリームを味うことに、また冬には暖をとることに、しかじかの場所で瞑想することに、度々海岸に行くことに、高い所に登ることに、また競馬で賭をする〔parier〕ことなどに快感を感ずる。快感に固有の性質は、人がそれを或る一定の方法によれば手に入ることは保証つきである、ということである。それに反して幸福はより多くわれわれの内面的な態度に依存するものであって、われわれを取囲む事物や人間とはそれほど関係がないのである。

プラトニズム―PLATONISME―

これは肉体の美しさ〔BEAUTÉ〕を魂の立派な性質の印としてのみ解する性格〔caractère〕の愛であって、その場合重点は魂の立派な性質に置かれている。全て愛というものは、持続と幸福とを、従って愛される対象の性質の完全さを欲するという点で、プラトニックなものであるが、それら性質の完全さは、均衡〔の良さ〕、関係〔の適切さ〕、適合といった、魂にとってしか、また魂によってしか存在しないものから成っている。例えば形の気高さは、魂における、また魂にとっての、気高さなのであって、卑しさ〔bassesse〕が結局はいつも魂においてある（即ち判断においてある）のと同様である。それ故にわれわれが憎〔: HAINE〕んだり愛したりするのは、結局は魂、言い換えれば或る一定の判断、〔物事の〕感じ方、自由の行使などなのである。

詩―POÉSIE―

第一に言葉〔langue〕のうちに潜む生理的調和と音律的親近性とからその着想を得る、文学的制作のジャンルであって、それはそういう方法によって、それまでは誰にも分っていなかったわれわれの思想の細かいニュアンスを明るみに出すばかりか、極く普通の思想にも、演説家や散文家が与えることの出来ない類いの力強さと効果とを授けるものである。

論争―POLÉMIQUE―

言説〔discours〕を以てする戦い。それは反論者を打負かす為に書くことであって、真理を述べたり見出したりする為にではないのである。言説における平和〔Paix〕を生み出すには、反論者が言うことを真実として認め、そしてそれを説明するだけにしておくのがよい。論争の危険さは、それが永引き、人を馬鹿にして〔sot: SOTTISE〕しまうことである。

警察｜POLICE｜

これは分業によって組織された保安であり、特に睡眠〔SOMMEIL〕の保護であって、そのことは当番の見張りがいることを前提とする。警察は純粋に防衛的なものである。警察の主要な役割は見ることと予見することとであって、何かを防ぐにはそれで十分である。特定の任務以外に、全ての市民は警察〔・治安の維持〕の一部を分担し、警官に協力する責任がある。警察〔・治安〕の水準の高さは文明〔CIVILISATION〕を構成する一つの要素であって、文明とは徳行〔VERTU〕を支援する全ての外面的な手段を含むものなのである。

礼儀｜POLITESSE｜

表徴《シーニュ》〔signe〕の技巧。礼儀の第一の規則は、意志するということなしには如何なる表徴をも示さないことである。第二の規則は、表徴の中に意志しているということが露見しないようにすることである。第三の規則は、自分の全ての行動において、ゆとりを持つことである。第四の規則は、決して自分のことを考えないことであり、第五の規則は、当世風に振舞うことである。

実証主義｜POSITIVISME｜

これはオーギュスト・コントが自分の体系に与えた名前であって、言葉〔langage〕の一般の意味における公平さを、物事の処理における論理〔LOGIQUE〕〔の正しさ〕を、また常に経験に基礎づけられた結論を意味する。実証的ということは観念的ということに対立する。

所有――POSSESSION――

所有権〔Droit de propriété〕に対立する〔所有の〕事実。所有とは或る物件を使用しているという事実である。所有権〔propriété〕は裁判官によって認められた使用する権利〔Droit〕である。

速断――PRÉCIPITATION――

われわれが吟味する時間を取ることを、それが出来ないか、或いはそれを欲しないかによって、しないところから起って来る誤謬の一原因。この第二の場合は、われわれが自分は間違っていないと信じている時、或いは他の者に先んじようとする時、或いは単に、不意を討たれて差し出された最初の考えに飛びつく時に、起ってくる。

予定（説）― PRÉDESTINATION ―

これは或る存在の将来が、〔派生的な〕出来事についてはどうであっても、その主要な点に関しては決定されているという思想である。例えば財産〔FORTUNE〕に恵まれている乱暴者〔violent : VIOLENCE〕は、愚かにも〔sottement : SOTTISE〕その場のはずみで乱暴者となるであろう。また疑い深い人間は、運命〔sort〕が彼に貴重な友人を与えても、疑い深さによって友情〔AMITIÉ〕を台無しにするであろう。従って予定説は、外面的なものに対する内面的なものの優位性を表現するものであって、機会や状況が全てを決定する宿命論〔FATALISME〕とは、正反対のものである。例えば、宿命的なもの〔: FATALITÉ〕に対して神は何も出来ない、と言うことは、出来事を変化させる能力が神にあるのを、否定することである。しかし予定に対して神は何も出来ない、と言うことは、人々の性格〔CARACTÈRE〕を変化する能力が神にあるのを、否定することである。

予言 ― PRÉDICTION ―

〔自分にとって〕好都合な〔・好意的な〕〔favorable : FAVEUR〕予言は勇気〔COURAGE〕を与え、事の成就を助ける。何となれば予言の対象になっている人が、予言によって一層多くの自信〔Confiance〕と忍耐〔PATIENCE〕と粘り強さとを発揮するからである。不都合な予言は自らを無効なものとするに違いない。何となればそれは警告を発し、人を用心深くするからである。以上が予言の通常の効果である。しかし反対の効果も、想像力〔IMAGINATION〕の働きで同様に著しくなる。何となれば予言は、それに関連のある状況のもとでは、精神に舞い戻って来て、目前に迫って来ている一つの宿命〔的な出来事〕〔FATALITÉ〕の観念を屢々与え、この観念が電撃的に作用するからである。その時人間は、迅速でもたもたしない行動が必要な時期であるにも拘らず、自分の救いに心を配ることを止める。こういうふうにして予言の一種である呪咀〔MALÉDICTION〕は作用するのである。尚また不幸を可能なものと考えることは危険である。何となれば、それは不幸へと向けて身構えることだからである。こういう身構えが不幸を招き寄せるとは、屢言われているところである。予言ということについて起り得る最も良い結末は、それを忘れることである。

偏見〔・予断〕―PRÉJUGÉ―

予め、即ち事の委細を学び知る〔・予審が行われる〕〔s'instruire〕に先立って下されている判断。偏見〔・予断〕によって人は事を正しく知ることが出来なくなる。偏見〔・予断〕は情念〔PASSION〕から起って来ることがある。憎しみ〔HAINE〕は悪い方へと予断することを好む。それはまた意見を変えるなと勧告する傲慢〔ORGUEIL〕から、或いはまた古い考え方に常に引き戻す習慣〔coutume〕から、或いはまた探したり調べたりするのを好まない怠惰から、起って来ることもある。しかし偏見〔・予断〕を支えている最たるものは、自己への誓なしには如何なる真理も存在しないという、〔それ自体では〕正当な思想であり、そこから人は全ての新しい考えを精神に対する策動と考えるようになる。こういう高貴な情念〔PASSION〕に支えられた偏見〔・予断〕、それが狂信〔FANATISME〕である。

予謀―PRÉMÉDITATION―

［これ］は、先ず着想され、ついで選択され、ついで熟慮され、その［実行の］機会がわれわれにあたかも用意されているようにしてなされる行動について言われる。これに反して、嘗て考えたこともなかったその場限りの、にわかに状況に迫られて安易に行われる犯罪〔CRIME〕があって、そのことは一つの酌量すべき理由になる。これに反して、予謀は犯罪を重くする。何となれば予謀自体が既に一つの科〔FAUTE〕だからである。しかしながら予謀だけでは、たとえその証拠〔PREUVE〕があっても、それを罰する〔punir〕のは慣例ではない。バルザックの「赤い宿屋」を読めば、予謀が悔恨〔REPENTIR〕の効力によって自分を弁護しなくなった為に、犯罪そのものとして罰せられるという場合が見出されるであろう。それは予謀した者が、実行はしなかったにもせよ、自らを有罪であると判断するからである。予謀にはあらゆる種類の怒り〔COLÈRE〕と興奮〔EMPORTEMENT〕とが対置される。

前兆―PRÉSAGE―

或る企ての成功を疑わせたり、疑いの余地のないものにさせたりする、強い印象を与える心像《イマージュ》。左側に出て来た烏とか、前を横切る兎とかいう、伝承的な前兆がある。それらは猟師や罠猟師の経験から来たものである。自ら求めた前兆もある（丁か半か。或る男に出会ったら、それはしかじかのことを意味する等）。後者は不決断〔irrésolution : RÉSOLUTION〕を和げてくれるか、少なくとも、和げることを約束してくれる。前者は常にその現実的な意味に還元してみなければならない。前を横切る兎は全ての獣が警戒〔ALARME〕状態に入っていることを示している、烏やカケスが鳴くのは他にも猟師がいることを告げている。物欲しげで不機嫌な人が現れるのは敵側がキャンペーンに入っていることを意味している。総じて前兆は、人がそれに気がつけばその途端に、実行がうまくは行きそうにもないことを意味する。

証拠〔・証明〕―PREUVE―

われわれに〔或ることを〕確認させたり、或いは反対に疑わせたりする、われわれの思考の調整である。良い証拠があるように悪い証拠がある。そして或る証拠に対して何も答えるところがないという事実は、まだ何も証明している〔prouver〕ことにはならないのである。証拠というものはゆっくりと検討され公然と批判されることを欲している。そういうわけで、嘗て検討し今は検討しなくても信用している証拠に自分が支えられていることを知っているならば、新しい証拠に屈したり精神を乱したりしないのが賢明で〔sage : SAGESSE〕ある。このように見てくると、予断〔PRÉJUGÉ〕には屢々合理的な何かが含まれている。こうして学者の［見解の］一致というものは、人がまだ考え出したこともないような証明に対する甚だ強い反証なのである。天真な〔naïf : NAÏVETÉ〕人は屢々、新しい有力な証拠が一顧もされないのに驚く。そのことは屢々、精神の強さの徴しである。証拠を前にして逃げ出すのは屢々［精神の］弱さの徴しである。

自分を証拠立てる〔faire sa PREUVE〕（自分を試練にかける〔faire son épreuve〕）ということは、屢々困難な行為を遂行することであって、そのことによって自らを証拠立てることが出来たことが示されるのである。それに反して自分を証拠立てたことのない人がする約束は、それだけでは何の意味もないのである。

祈り｜PRIÈRE｜

聴き届けてもらえることへの期待〔Espoir〕に伴われた、真っ当な欲望〔Désir〕の表現。人は、立派な計画を実現する為に祈る。卑怯な行い〔Lâcheté〕や妄執から解放されようとして祈る。祈りにあっては、望み〔Espérance〕をきちんと言い表し、またその根拠を明らかにすることによって、その望みを確認することを怠ってはならない。そういうわけで、およそ祈りというものは、祈りがその結果でもあれば、祈りがそれを常に強めもする信仰〔Foi〕と同じように、或る好都合な効果をもつものである。祈りによって私は、自分が何を望んでいる〔vouloir〕かを知り、そして自分が望んでいるものを裁くからである。人間は、彼の祈りとまた彼の［祈りが捧げられる］神々によって、裁かれるのである。

進歩｜PROGRÈS｜

緩慢で永い間気づかれず、それでいて外部の力に対する意志の勝利を確立する変化。あらゆる進歩は自由に発するものである。私は自分が〔自由に〕意志すること、例えば早起きをしたり、楽譜をよんだり、礼儀正しく〔poli : POLITESSE〕したり、怒り〔COLÈRE〕を抑えたり、人を羨ましがらなくなったり、はっきりと話をしたり、読みやすいように書いたりすることなどを、するようになる。人々は合意して、平和〔PAIX〕を実現し、不正義〔: JUSTICE〕や貧困を減少させ、全ての子供達を教育し、病人を看護するようになる。

反対に、われわれを多少とも非人間的な力に屈従させることによって、知らず知らずのうちにわれわれをわれわれの立派な計画から遠ざけるような変化を、人は進化〔évolution〕と呼ぶ。《私は進化した》と言う人は、時とすると、知慧〔SAGESSE〕において自分が前進したことを了解させようと欲していることがある。しかしそれは出来ない。言葉がそのことを許さないのである。

反射(作用)―RÉFLEXE―

われわれの身体をわれわれの意志によらずに、また意志に反して一定の刺激に反応させる、屢々非常に複雑な本能的〔: INSTINCT〕運動を、反射と呼ぶ。例えば、食物の一回分の嚥下量が咽頭の一点に圧力を加えることによって、嚥下作用が自動的に行なわれる。嘔吐は別の一つの反射である。強い光に対する反射によって、瞳孔は収縮する。手を近づけると、瞼は閉じられる、等々。驚くと、心臓〔Coeur〕の鼓動が早くなる。皮膚が寒さを感じると、血液は皮膚からひく。自分の顔のことを考えると、顔に血がのぼってくる……。生活の全体が反射によって行われている。われわれは自然の反射に、習得されて無意識的〔involontaire〕になった運動を加えることが出来る。例えば、騎手やパイロットの技術は習得された反射であるが、それは意志的な〔volontaire〕運動よりもずっと迅速で確実である。反射という言葉は、広く用いられるようになったが、すぐれた言葉ではないということに気づかなければならない。それは反省〔réflexion〕という言葉に似ていて、それでいて反省を排除するものである。

遺憾(の念)|REGRET|——〔・後悔〕

それは別のものであってほしかったと人が思うような、或いは起らないでほしかったと人が思うような過ぎ去ったことへの、凝視である。遺憾は後悔〔REMORDS〕や悔い改め〔REPENTIR〕に変化し得る。〔しかし〕それ自体では、それは結局過去に伴う悲しみにすぎないのであって、そこには責任者という観念が入ってきていない。遺憾の念が果す役目は、物事の秩序を整えることにとどまる。

宗教――RELIGION――

宗教は、証拠〔PREUVE〕がなくとも、また証拠に反してさえも、意志的に〔次のことを信ずること、即ち〕最高の価値〔VALEUR〕でありまたもろもろの価値の審判者である精神が、物事の外観の奥に存在しており、歴史を読み釈くすべを心得ている人に対してはその外観の中にさえも啓示されているということを、信ずることにある。宗教には、いろいろな段階がある。希望〔ESPÉRANCE〕の宗教は、自然が根本においては良いものであることを信じようと意志する(汎神論〔PANTHÉISME〕)。愛の宗教は、人間の本性が根本において良いものであることを信じようと意志する(英雄崇拝〔culte〕)。信仰〔FOI〕の宗教は、自由な精神を信じようと意志し、そしていかなる人に対しても希望をもつことを自らに命じ（平等〔ÉGALITÉ〕）、また自然がわれわれに反する計画をもつと信ぜず、いかなる計画にしろもつとは信じないことをも、自らに命ずる。宗教は哲学〔PHILOSOPHIE〕ではなく、それは一つの歴史である。全ての出来事が精神を表しているが、一層明白に奇蹟的な〔: MIRACLE〕出来事もあり、それらの出来事はいずれも、一度だけしか起らないものなのである。礼拝〔culte〕は、それらの出来事の主なものを記念して、人間と絶対的〔ABSOLU〕精神との間の、言い換れば、人間と彼の精神との間の、公的でしかも同時に内的な交わり〔Société〕を維持しようとすることにある。

〔以下訳稿を欠く（編者）〕

編集後記

所　雄章

アランの『定義集（DÉFINITIONS）』（定義されている語は全部で二六四語）の森有正氏による翻訳は、周知のように、すでにその一部が『みすず』誌に発表された（〈ABATTEMENT〉から〈FÉLICITÉ〉までの一一二語）。その未発表部分（〈FÉTICHE〉から〈RELIGION〉までの八九語）と併せ、更にその未翻訳部分（〈REMONTRANCE〉から〈ZÈLE〉までの五四語）をも補って、一冊の書物としてまとめたい、という書店の要望を受けて、原書を読み、訳稿にも目を通し、両者のいわば逐語的な照合も試みた上で、熟慮の結果、森有正氏の訳業の一つを更めて世に送り出すことに徹底するということで合意した。

（Ⅰ）未翻訳部分の翻訳は、つまりこれを見送るということである。編者（あるいは他の誰か）が訳者の既翻訳部分の訳出を踏まえ、これに添うようにしてその翻訳を企てる――ということが原理的に可能であるかどうかがそもそも疑問だが、敢えて試みる――としても、訳出の色調が変ることは不可避的であろうし、結局は木に竹を継いだようなものにしかなりえないであろう、と考えたからである。もっともこの断念によって、アランのこの書の翻訳としての完結性は棚上げされるということにならざるをえないが、それは致し方ないであろう。

（Ⅱ）そこで既翻訳部分だが、(1)その——既発表部分と未発表部分の——全体を通じて著しく目につくのは、『定義集』において定義されている語（以下に〈定義語〉とのみ言うことにする）に対する訳語選定の不斉一性と重複性ということであって、これには次のような四つないし五つの場合があると言ってよいであろう。すなわち、

(i) 第一は、異なる定義語に対して同じ一つの訳語が当てられている場合（例えば、〈BIENVEILLANCE〉も〈FAVEUR〉も〈好意〉と訳されている）。

(ii) 第二は、同じ一つの定義語に対して幾つかの異なる訳語が当てられている場合（例えば、〈RESOLUTION〉は、未翻訳部分の定義語であるが、既翻訳部分のうちですでに〈意志決定〉と〈決心〉と〈決意〉という三通りの訳語をもっている）。

(iii) 第三は、二つの類義語的な定義語（例えば、〈ESPÉRANCE〉と〈ESPOIR〉と）に対して、その区別の明確化に資するための訳語（前者に対しては〈希望〉、後者に対しては〈期待〉）を用意しておきながら、時としてそれら二つの訳語のいわば反転的な使用が見受けられる場合。あるいは一つの定義語とこの語への対比という意図から持出されてきている特定の或る非定義語（例えば、〈HABITUDE〉と〈coutume〉と）に対して、定義語の訳語のほうはともかく（一貫して〈習慣〉が使われている）、非定義語の訳語のほうには（対比の際には〈慣習〉が使われておりながら、時として〈習慣〉もまた用いられているように）動揺が見出されるような場合もある。

(iv) 第四は、上記四つの複合形態とでも言うべき場合（定義語の〈CONTRITION〉には〈痛悔〉、

〈PÉNITENCE〉には〈悔悟〉と〈贖罪〉、〈REGRET〉には〈後悔〉と〈遺憾〉、〈REMORDS〉には〈悔いること〉と〈後悔〉、〈REPENTIR〉には〈悔い改め〉と〈悔悟〉と〈悔恨〉と〈痛悔〉、そして〈CONTRITION〉との対比のために持出されている非定義語の〈attrition〉には〈後悔〉、という訳語がそれぞれ使用されている）。

(v) 最後に附加えると、或る定義語の訳語が全く別の一般語の訳語としても使用されている（例えば、前記の〈HABITUDE〉の訳語の〈習慣〉は〈usage〉や〈pratique〉の訳語としても使われ、また〈ANXIÉTÉ〉の訳語の〈心配〉は〈souci〉の訳語としても用いられている）という場合が少なからずある。

このような事態は、もともとフランス語の単語と日本語の単語との間にいわば一対一の対応の見出しがたい――しかも概して日本語の場合のほうが語域が広い――という事情のある以上は、不可避的な事態である。しかし、事態がどれほど不可避的であっても、『定義集』のような書物の翻訳にあっては、是非とも、あるいは少なくとも可能なかぎり、訳語の斉一性を貫徹し重複性を回避する工夫が要求されるであろう。訳者自身も、一応すべてを訳了した上で、何らかの全体的な整頓を目論もうと期していたのであろうが、訳者の亡き今となっては如何ともしがたい。そしてそのような事態が訳者の翻訳の既発表部分をも、なお未定稿であり、未定稿でしかない、と看做すことをわれわれに促す最も強い理由なのであるが、未定稿を未定稿のまま公開するという基本的方針のもとで、しかし無用で無意味な混乱を喚ぶことのないように、可及的に多くの原語を挿入するという措置を以て以上のごとき事態に対処することにした。読書に際して煩わしい、と言えば確かに煩わしいが、止むを得ないであろう。

次に、既翻訳部分のうちで(2)特にその既発表部分について言うと、そこでは――未発表部分と比べて――一般的な表記法の(例えば、「例えば」と「たとえば」、「彼」と「かれ」、「或る」と「ある」といった)不統一が著しく目につく。そしてそのことが既発表部分をも、なお未定稿であり、未定稿にすぎない、と看做すことへとわれわれを促す副次的な理由でもあるのだが、未定稿を未定稿のまま公開するという基本的方針にしたがって、そのような不統一にも手をつけない。ただ、蛇足かも知れぬが、不統一はやはり目障りだと思われるであろう潔癖な読者に対して、訳者のために弁じておきたい。というのは、未発表部分の訳稿には却って見られないこの種の不統一は、その見られないというところから推して、『みすず』誌への掲載の際の訳者による校正に起因する、と考えられるからで、意図的に訳者は草稿のレヴェルよりも、漢字の使用頻度を低めようとしていたのではなかろうか(例えば、「できる」や「しばしば」や「すなわち」は、未発表部分の訳稿では、「出来る」「屢々」「即ち」で統一されている)。「将来一冊にまとめる」(「訳者のことば」)ことを期していた訳者にとって、そのまとめる時点までは、すべてが未定的状態にあったとして、これを諒としない理由はわれわれにはない、と言うべきであろう。

こうして、未定稿の未定稿としての公開のために施された編集上の加工措置は、以下のとおりである。

1　各項目の見出しの定義語(その訳語とその原語)の下に、訳者によって訳文中に用いられている訳語のすべてを拾い出して、（例えば「遊び」について言えば、〈遊び〔JEU〕――〔・戯れ・ゲーム・賭博〕〉のごとくに）列挙した。

1′　見出しの定義語の（訳語の）直後に（例えば〈身上《しんしょう》［・運］〔FORTUNE〕〉のごとくに）置かれた［・　］は、この定義語が［・　］のなかに示された意味を含みとして用いられているということ、言いかえれば、それら両様の意味に跨って――つまりは両義的に――使われているということ、を表す。

1″　それら定義語の訳語の直後に（例えば〈警戒（心）〔ALARME〕〉のごとく）（　）がある場合には、（　）のなかの細字は、それのあるものとそれのないものとの両様の訳語が見出されうるが、その有無は語義的には非本質的でしかない、ということを表す。

2　定義語は、訳文中に出てくるその都度、〔　〕のなかに大文字綴りでその原語を示した（この措置は既発表部分については訳者自身によって実施されたところであるが、その際に付せられていた＊印は削除した）。

2′　ただし、頻出する定義語、すなわち、〈魂〔ÂME〕〉と〈愛〔AMOUR〕〉と〈神〔DIEU〕〉と〈精神〔ESPRIT〕〉と〈思考する（考える）こと〔PENSER〕〉と〈時間〔TEMPS〕〉の六つについては、原語の挿入を省略した。

3　定義語が定義されているところとは明らかに別個の意味で用いられている場合には、〔　〕のなかに大文字で始まる小文字綴りで原語を示した（例えば、〈人間の性格〉という意味でのみ定義されている〈CARACTÈRE〉が〈物事の性格ないし性質ないし特徴〉という意味に使われているときとか、（論理的な）〈必然性〉という意味で定義されている〈NÉCESSITÉ〉が〈必要(性)〉という意味で使われているときとか）。

4　定義語（概ね名詞である）が別の品詞の形で文中に出てきているときは、〔　〕のなかにまずコロンを置き、そのあとにその定義語の原語を示した。コロンに先立ち小文字綴りで当該箇所の原語そのもの（ただし、動詞ならばその不定法形、形容詞ならばその男性の単数形、副詞ならばそのまま、受動態のときには過去分詞の男性の単数形）を入れておいた場合もある。

4′　もっとも、〈DÉSIR〔欲望〕〉に係わる動詞〈désirer〉、既掲の〈ESPÉRANCE〉および〈ESPOIR〉に係わる動詞〈espérer〉、ならびに〈BEAU〔美しさ〕〉および〈BEAUTÉ〔美〕〉に係わる形容詞〈beau〉については、この原則は必ずしも守られていないが、（いわば緩く、かつ広く使用されうる語であるから）その必要はないであろう。

5　定義語以外の語や句で、何らかの必要から（例えば、定義語との対比上）示しておくことが望ましいであろう、と思われたものについては、その原語を〔　〕のなかに小文字綴りで入れた。

6　定義語と訳語を同じくする非定義語についても、同様に〔　〕のなかに小文字綴りでその原語を示した。

6′　ただし、「正しい」とか「よい（良い、善い、好い）」とか「……しなければならない」といった、きわめて一般的な言回し（時としてそれらは、それぞれ定義語の〈正義〔JUSTICE〕〉あるいは〈善〔BIEN〕〉あるいは〈義務〔DEVOIR〕〉との格別に密接な連関を含意しうる——そのかぎりは端的にそれらの定義語への関与のもとで捉えられるべきである——とはいえ、しかしまた種種の原文的表現とも対応しうる）に関しては、その含む非定義語を特に示すことはしない。

6″ 同様に、「必要である」（あるいは「必要としない」）という言回しについても、それが〈Nécessité〉（あるいは〈nécessaire〉）に関わりのないかぎり、原語は示さない。

7 訳文中の《 》と（ ）は、原文のなかの《 》と（ ）とに対応する。

8 訳文中の［ ］のなかの細字は、訳者による訳出上の補足箇所であることを示す。この補足がその直前の語句をパラフレーズしているときには、すなわちその含みを明らかにしようとするものであるときには、［・ ］によってこれを示した。

9 原文において大文字で始まっている語句には、固有名詞と〈神〉と〈福音書〉とを除き、傍点を付けた。

10 原文がイタリックになっている語句は、これを「 」でくくった。

以上の編集作業の遂行の過程で、既発表部分の訳文に対して編者が専断で加えた修正（といっても、ご遺族のご了承はいただいてある）は、次の箇所である。

(1) 一例、「自分本意」とある（〈ALTRUISME〉の項）のを、「自分本位」と改めた。つまり、誤字や脱字などの校正ミスと思われた箇所。

(2) 一例、「……狂人はもはや信頼を持たない、……」とある（〈ÂME〉の項）のを、「……狂人はもはや意識を持たない、……」と改めた（原語は〈CONFIANCE〉ではなくて〈CONSCIENCE〉である）。つまり、明白な誤読であると思われた箇所。この種の修正箇所は、ここを含めて、全部で七箇所ある。

(3) 訳文に――原文と照合して――欠落があると認められた箇所。そのような箇所は「原書出版者の序」のうちに(また、未発表部分のうちに五箇所)見出された。

(4) このほかに、文意がいっそう明確になるように読点や( )の位置を変更したところ、読点を加えたところ、[ ]を補ったところ等が数箇所ある、ということを附記する。

以上が原則的な(すなわち、訳者の未定稿を原姿のままで公開するという基本方針に添った)修正基準であるが、なおかつ特殊事例として、次のように修正した箇所がある。

(1) 〈AMBITION〉の項に出てくる〈CHARITÉ〉の訳語の〈慈愛〉を〈慈悲〉に、〈BÉNÉDICTION〉の項に出てくる〈FATALITÉ〉の訳語の〈運命〉を〈宿命〉に、〈CHÂTIMENT〉の項に出てくる〈IVRESSE〉の訳語の〈泥酔〉を〈陶酔〉に改めた。それぞれその時点では定義以前のそれら三語は、その後も文中に再々登場してくるが、ここを除くと、常に〈慈悲〉と〈宿命〉と〈陶酔〉とで統一されているからである。

(2) 「好意の中には幾分かの愉悦の感情がある」とある(〈BIENVEILLANCE〉の項)そこのところから、「の感情」を削除した。「の感情」に対応する言葉が原文のうちにはないだけでなく、本書の用語法からすれば、〈愉悦〉と訳されている〈ALLÉGRESSE〉は、〈SENTIMENT〉ではなくて〈ÉMOTION〉でなければならないからである。

(3) 「神・人」とある(〈CHUTE〉の項)のは、〈l'homme - dieu〉の訳語であるが、「神人[イエス・

キリスト」」と改めた。訳者自身がデカルトの『思索私記』の翻訳（白水社刊）のなかで使ったことのある訳語である。

(4)「……慣習……慣習……習慣……慣習……」とある（〈CIVILISER〉の項）そこのところの「習慣」を「慣習」と改めた。いずれもが〈COUTUME〉の訳語だからである。この種の修正は行なわないのが原則であるが、ここは一種の校正ミス的な誤記という認定に立った。

(5)「しかしそれには、いつも多かれ少なかれ、恐怖から来る屈辱と制御することのできない忍耐を欠く、勇気の表現を増大させる一種の喜劇とが結びつく」とある（〈COLÈRE〉の項）そこのところは、本文中に見られるように改めた。文意に変更は及ばないとはいえ、この種の修正もまた行なわぬことを以て原則とするが、ここはその唯一的な例外である。

なお、言わずもがなのことを敢えて言添えるが、編者としては、〈裏切り〉という訳語を与えられている〈DÉLATION〉には〈密告〉という訳語のほうがよさそうに思うし、また〈感動〉（または〈情緒〉とも）訳されている〈ÉMOTION〉には〈情動〉という訳語を採りたいと思う。あるいは、「欲情は、嗜欲に似ている。しかし欲情は嗜欲に思想を加えたものであって、欲情をして自制させる」とある（〈CONCUPISCENCE〉の項）そこのところは、「欲情は、欲に似ているが、欲に或る想念を加えたもので、その想念が欲情のいわば隠し味になっているのである」というふうに読みたいし、また「その最も一般的な意味においては、精神は凡てのものを嘲笑するものである」とある（〈ESPRIT〉の項）そこのところは、「精神《エスプリ》［・機智《エスプリ》］とは、そのごく常識的な意味では、すべてを洒落のめすものである」というふうに読みたい、と考える。更に未発表部分から一例を拾えば、「それ故に重苦しさは属僚的なものである。それは法律や命令を施行する。それは前例を教える。それは変更することの出来ないことを意味する」とある（〈GRAVITÉ〉の項）そこのところは、「つまり謹厳《おもおもし》さは属僚的なものである。それは法令を押し当てる。それは前例を以て切札とする。それは変更のきかないものの表徴なのである」というふうに読んでみたい。そのように、定義語の訳語の選定あるいは原文の読み方について、訳者に敢えて異を唱えたいと思う箇処が他にも幾つかないではないが、とはいえ、訳者には訳者の考えがあってのことであろう。

最後に、未翻訳部分のすべての定義語（五四項目）について、その原語を羅列するとともに、既翻訳部分のうちに見出されるその訳語を拾い集めて、それら定義語の各々に添附しておく（「ナシ」とあるのはその訳語の見当らぬもの——つまり定義語が既翻訳部分に該当する原文中には未出のもの——であるが、定義語が潜在していると判断されるような語の使用のあるものについては、その際の訳語を（　）のなかに細字で示しておく）。

REMONTRANCE〔ナシ〕
REMORDS〔・悔いること・後悔〕
RENOMMÉ〔ナシ〕
REPENTIR〔・悔い改め・悔悟・悔恨・痛悔〕

RÉPRIMANDE〔ナシ〕

RÉPROBATION〔ナシ〕

REPROCHE〔・譴責〕

RÉSIGNATION〔ナシ〕（諦める）

RÉSOLUTION〔・意志決定・決心・決意〕

RÊVE〔・夢〕

SACRÉMENT〔・礼典・秘蹟〕

SAGESSE〔・知慧〕

SANGLOT〔・すすり泣き〕

SANGUIN〔ナシ〕

SCEPTICISME〔・懐疑論・懐疑主義〕

SENTIMENT〔・感情〕

SÉRIEUX〔・真面目さ〕

SERVILITÉ〔ナシ〕

SINCÉRITÉ〔・誠実(さ)〕

SOCIALISME〔ナシ〕

SOCIÉTÉ〔・社会〕

SOLIDITÉ〔ナシ〕

SOMMEIL〔・睡眠〕
SOMNOLENCE〔ナシ〕
SOPHISTE〔ナシ〕（詭弁）
SORCELLERIE〔ナシ〕（魔法使い）
SOTTISE〔・愚かさ〕
SOUHAIT〔ナシ〕
SPIRITUALISME〔ナシ〕
SPONTANÉITÉ〔ナシ〕（自然発生的に）
SUBLIME〔・崇高な（もの）〕
SUGGESTION〔・暗示・示唆〕
TÉMÉRITÉ〔・向う見ず〕
TEMPÉRAMENT〔・気質・体質〕
TEMPÉRANCE〔・節制・中庸〕
TEMPS〔・時間〕
THÉOLOGIE〔・神学〕
THÉOSOPHIE〔ナシ〕
TIMIDITÉ〔・小心（さ）〕
TOLÉRANCE〔ナシ〕

TORTURE〔・拷問〕
TRAGÉDIE〔ナシ〕
UNIVERSALITÉ〔・普遍性〕
URBANITÉ〔ナシ〕（都市の）
USURE〔ナシ〕
UTILITARISME〔ナシ〕
VALEUR〔・価値〕
VANITÉ〔・虚栄（心）〕
VELLÉITÉ〔ナシ〕
VÉNIEL〔ナシ〕
VERTU〔・徳・徳行〕
VICE〔・不徳・悪徳〕
VIOLENCE〔・暴力〕
ZÈLE〔・熱誠・執心〕

森有正と「定義」とアランと

辻　邦生
所　雄章

所　辻さん、どうもお久しぶりです。この前お目にかかったのが中渋谷の教会、というと、森先生のご遺体が安置されたあの時、つまり一九七六年の十一月二日のことですが、* ご一緒に教会から出てきたときに、いつか森さんのことを二人で話し合おうと辻さんがおっしゃって、私が近いうちにぜひと申しましたのを、憶えていらっしゃるでしょうか。あの時からはすでに十年が経ってしまいましたが、今日は好い機会だと思います。すでにお聞き及びのことと思いますけれど、今度アランの『定義集（Définitions）』の森さんの翻訳が公刊されることになりまして、私がその草稿の編集に当りました。本日の対談は、この訳書の〈あとがき〉、〈解説〉ないし〈解題〉に替わるものとして、企画されておりますが、実は、私の希望と言うか、提案と言うか、幸いみすず書房が私の申し出を受け入れてくれて実現いたしました。どういうふうに編集したかということについては〈編集後記〉をご覧いただきたいと思いますが、みすず書房からの話では編集と合わせて解説も、ということで、私も最初はそのつもりでいたのですけれども、編集の作業をしているうちに、これはひとつ、辻さんとの対談ということでやったらいいんじゃないか、と考えるようになりまして……。というのは、この書物の解説ということであれば、勢いその中心テーマは、アランと森さんとの、むしろ森さんのアランへの、とりわけ『定義集』のアランへの思想的な係わり合い、こうして要は、「定義」ないし「定義すること」が森さんにとってどういう意味をもっていたのか、といったところにあるということになるでしょうが、そうすると、やはりどうしても、その解説の最適任者は辻さんではないか、と考えたからです。もう少し敷衍して言いますと——

私、「感覚」と「経験」とそしてもう一つ「定義」という、この三つが森さんの思想のいわばキー・ワードであると言ってよいと考えておりまして、これは『日記』のなかで、「感覚」から「経験」へ、「経験」から「定義」へ、というふうなことを森さんご自身が言っておいでになる箇所もあり、あながち的外れではなかろうと思うんですが、そうしますと、一九七一年の「感覚のめざすもの」で「感覚」について、それから一九七七年の「経験を思索する道」で「経験」について論じておられる辻さんに、残る「定義」についても論じていただいてはどうか。もっとも、「経験を思索する道」には「定義」へのかなりの言及も見られますが、これが独立のテーマとして扱われてはいませんから、それは辻さんとしても大いに望まれるところであろう。またわれわれとしても、森先生の「感覚」と「経験」と「定義」という密接に絡み合っているこの三つのうちの前の二つについてあれほど打ち込んだものをお書きになった辻さんに、残る一つについても、他の二つとのそういう絡みのなかで論じていただくなら、大いに得るところがあろう、と考えたわけです。

ただ、そういうことで解説ないし解題の執筆を辻さんにお願いするとなると、言ってみれば編集の下働きをしただけで、私には出番がない。この際は私にもなにがしかの発言の場を、ということで、対談なら、と考えたわけ、そして対談なら、それはわれわれの間のあの約束を実現することにもなろうと、まあ、そんなふうに考えたというわけであります。

しかしそうは言っても私には、辻さんと同等に、森さんの思想について語ることができるという自信は全くない。あの「経験」ということにしてからが、私にはよく判らない。少なくとも判らないところがある。判るような気がしないでもないんですが、思い直してみると、やはり私には不透明なんです。そういうときに、それ以上は、或る程度以上は、そこを突き抜けようとしてあれこれやってみるということをしない、しないで、森さんのほうから明らかにしてくれるのを待つというのが、妙な言い方ですが森さんへの私の常日頃の対処の態度だったわけで、そうやって待っているうちに亡くなられて、結局私は森さんの思想について通り一遍以上の理解をもっているとは、とても言えません。そうであるとすれば、辻さんと同じグレイドで森さんの思想について語ることは私にはできないことだし、またそうしようとしてはならない、と考えるということ、それが一つ。そしてもう一つは、半分は編集者という立場が今日の私にはあると考えるということ。そういうわけで、発言もさせてはいただきますが、この対談は、森さんの「定義」ということについては「辻邦生氏に聴く」という形で、

＊ 森有正は一九七六年十月十八日、パリで急逝した。六十六歳だった。

進めさせていただきたいと思います。

辻　大変責任ある役をお引受けすることになったわけですが、僕もどこまで森先生の思想を摑むことができたか自信がありません。ただ一つ言えることは、パリという、森先生にとっては思索的にも生活的にも運命となった都会で、所さんも僕も、先生と時期を同じくして暮すことができ、所さんはデカルト哲学を通して、僕はフランス文学を通して森先生と親しく付き合うことができたということですね。でも、所さんと僕が先生のそばにいて、先生のさまざまな思想が形成される過程を見てきたということ、極端に言えば、パリで僕らが先生といっしょに生活したということは、他の人にくらべると、森さんの具体的な思索のプロセスを、共同体験的事実として経験することができたわけですから、それは書物のうえのみで知る読者、あるいは森さんの実際の姿を知らない人たちからみると、一種の特権的な状況を僕らが経験できたということだと思うんです。ですから、まずとりあえず所さんと僕とが森さんの書かれたものに登場する一九五八年の春の引越しのあたりから入ってみませんか。

所　ええ、辻さんが「森先生との出会い」(「展望」一九七六年十二月)で書いていらっしゃるあの時のことは、私にもひどく懐かしい、というよりはむしろ、そこはかとなく懐かしい思い出です。あの時の森さんの顔はひどく、それこそひどく明るかったような記憶があります。辻さんの感じられたように「最初の苦闘の時期を終えられた」頃だったからかも知れません。街角などでばったり出会ったりしたような場合、はっとするくらい暗い顔をされている時がありましたからね。ところで今、五八年とおっしゃったが、実は調べてみましたら、「定義」ということにはっきりした形で森さんが論及されたのは、一九五六年の九月三日が最初です。「それから僕は定義ということについて考えるようになった。そして定義（限定すること、définir）だけが人間に真理を与えてくれると思うようになった……」（『バビロンの流れのほとりにて』）、というふうに書かれています。一九五六年と申しますとね、私がパリに着いたのが五六年の十一月です。おそらく辻さんのおいでになったのは五七年だと思いますが、森先生が『定義集』を訳しはじめられたのもこの頃らしい。らしい、と言うのは、状況証拠にもとづく推量だからですが、この状況証拠は相当有力なものでして、その頃から、曜日を決め時間を決めて少しずつ訳し、訳し溜めてゆこうとされたらしいんです。もっともこれは、その訳出が未了だったことからも判るように、ずっとあとあとまで続いたというわけではなかったようですが。いずれにしてもはっきりしていることは、森さんの「定義」ないし「定義すること」への関心とアランへの関心、アランの『定義集』への関心には、オーバーラップするものがある、ということです。そこで、その頃の森さんについて、森さんとアランとの係わり合いを示すような話を、あるいは何かエピソードでも、ご存知のことがあったら、まずお聞かせ下さい。

森さんにとってのアラン

辻　僕はアランについては、まだあの当時はあまり読んでいなくて、せいぜいスタンダール論、バルザック論、それにディケンズについて書いた文学論しか読んでませんでした。森先生のところにはじめて行きましたとき、部屋の隅の細長い箪笥の上にブロンズの首の彫像が置いてあるものですから、これは誰ですかって聞いたら、これは高田博厚さんが彫ったアランだと言って、それからアランのことを少し話された記憶があります。この彫刻はアベ・ド・レペ街のホテルからイヴリーのアパルトマンへ引越しされたときも依然としてのっておりまして、そのとき僕はいちばん最初に森先生とアランの結びつきを感覚的に、具体的に非常に強いものだと感じたわけです。森さんが絶えず言っておられたのは、アランの学校（アンリ四世高校の哲学科）での教え方ですね、教育法、それが思索の一つの単位になっている。つまりアランは、一時限のなかで主題が提示され、発展され、締めくくられるように講義をしたというのです。おそらく生徒であったアンドレ・モーロワあたりの証言だろうと思いますが、その一時限の単位が、思索の単位になっているということですね。ですから長い思索をアランは続けているのではなくて、具体的な、かなりみじかい長さで完結するようなものを思索している。それからもう一つ、アランの思索で大事なことは、具体的な自分の経験から析出されたものであるということ。そういう経験の範囲・領域を出たものについてはアランは思索していないんだということです。その当時の僕の理解は、まだ森さんの「経験」という言葉をそれほど深く読んだり考えたりしたわけではないので、思索というのは、いわば抽象的に本を読んでただ発展させてゆくというのではなくて、日々の具体的な感覚に裏づけられた行動とか、実際にあった出来事への判断とかを含めた、そういうもののうえに成り立っているんだという理解をしたんですね。ですから、当初のアランについての理解、あるいは森先生についての理解は、僕は非常にプリミティーヴな、初歩的なものだったと思います。

所　今、アランのブロンズ像の話が出ましたが、高田さんが面白いことを書いておられます。「アランに用があって、パリ西北郊外ル・ヴェジネの彼の家へ行く際、私は有正を〃いっしょに行かないか〃

と誘ったら、〝僕はまだとても彼に会うだけの自信がありませんから、止します〟と言った。私はこの態度に感心した」（高田博厚「森有正を悼む――隣人有正よ」エコノミスト、七七年一月号）と、こうあるんですよ。

辻　森先生らしいエピソードですね。いつだったか、アランの彫像を見ると、その額に髪の毛がふっと飾りのように垂れているんですね。それを森さんが見て、アランみたいな人でもね、辻さん、こんな風に気どって髪の毛をやってますねえ、しかし哲学者というのはこれ位気どりのある方がいいんですよ、って、冗談に言っておられたのを覚えてますね。

所　私はその冗談はね、アランに対する森さんの畏敬の念の逆説的な表現だと思いますよ。アランはデカルトを「師と仰ぐにはあまりにも怖ろしい人」だと言っていますが、森さんのアランに対して抱いておられたその同じ感情が、高田さんの前では素直に出て、辻さんの時には屈折して出て、ということじゃないでしょうか。私の場合には、そういう直接アランにかかわるようなことでの思い出みたいなものはありませんが、何回かは『バビロンの流れのほとりにて』にも名前の出てくるジャンケレヴィッチという人がいますね。個人的に付き合いはなかったようですが、森さん、ジャンケレヴィッチには敬意を抱いていらした。この人のソルボンヌの講義に出てみたら、私のヒアリングの力では追いつきかねるほど物すごい早口でね、そのせいかどうか知りませんが、講義が始まってから退席する者がよくある。そうするとジャンケレヴィッチは講義を中断して、その人が教室を出ていってしまうまで、黙って、そっちの方をじっと見ているんです。ジャンケレヴィッチといえばすでにかなりの年配だったと思いますが、にもかかわらずそういうナイーヴな神経質さを失わないところに何だか妙に好感を覚えまして、ノートを借りた女子学生に〝ジャンケレヴィッチ先生の講義は外国の人には無理よ〟って言われたりしながらも、その講義を半年の間シュイーヴルしました。或る時この話を、そういったとりとめのない話を、森さんにしたら、例によってひとしきり冗談を言われてから、急に真顔になって、ジャンケレヴィッチには一種の〝デフィニシォニスム〟(définitionisme) があって、それが判っていないと彼の思想は判らない、という意味のことを言われましてね。森さんによると、たとえばプラトンの『ラケス』、勇気とはそもそも何か、勇敢であることとはいったいどういうことか、ということがその主題ですが、勇敢とはどういうことかとソクラテスに聞かれたラケスは、まず〝隊列にとどまって戦おうとし敵にうしろを見せぬことだ〟と答える。すると、味方は少数なのに敵は大勢で、しかも騎馬隊で押し出してくるというときに、味方のその隊列にとどまって戦うのが本当の勇気なのか、むしろ、敵にうしろを見せても、退いて敵の隊列を乱し、そこで盛り返して戦うのが本当の勇気じゃないか、とソクラテスは問い返し、〝勇気とか勇敢であるということは魂の忍耐だ〟、とラケスは答えることになる。しかし忍耐のすべてが勇気だろうか、いやそうじゃない、無知をともなった忍耐ではなくて、知をともなった、叡知をともなった忍耐こそが、勇気である、というふうに、問と答とが積み重ねられる。そしてさらに、叡知とは何に向かっての叡知なのか、と反問され、恐れなくてはならないものと恐れる必要のないものとを区別することへの叡知である、それゆえ勇気とはそういう叡知をともなった忍耐だ、という定義が立てられるようになる。『ラケス』にはまだ先がありますが、ともかくこういうふうにして定義に肉薄してゆこうとする思索様式、それを森さんはデフィニシォニスムと呼び、プラトンに源流をもつこういう定義主義にジャンケレヴィッチの思索態度の核心を見ようとされていたわけで、これは五七年のことでしたが、「定義」ということが、森さんの思索の前面に出てきている、ということと呼応するように思います。

「感覚」から「経験」を経て「定義」へ——森さんの「定義」が生まれるまで

辻　五七年というのは先生が行かれて七年たった時点ですね。[*] 森先生のいちばん最初のこの苦闘の時期——生活的な苦闘でもあったし精神的な面での苦闘でもあったわけですが——は僕はもちろん全然知らないわけですけれど、すくなくとも五七年のそうした一種の定義主義に到達された時点から、たとえば『バビロンの流れのほとりにて』のようなものを読んでわかることですが、森先生のなかにあらかじめ非常に大きな知識としてヨーロッパ文明があった。デカルトとかドストエフスキーとかさまざまな形で著書もおありになるわけですから、厖大な知識がおありになった。ところがそうしたものすべてが、ヨーロッパという場所に来たことによって微塵に打ち砕かれた。これはどういうことかと言うと、今まで自分のなかに入ってきた知識はすべて名によってできあがってきたものである、この場合の「名」というのはなかなか定義しにくいんですけれど、結局それは裏づけをもっていない、文化的な経験をもっていない、いわば架空の夢想された言葉によって作り上げられたものであった。

＊　森有正は一九五〇年八月、戦後初のフランス政府給費留学生として渡仏、その後一時的な帰国をのぞいて、日本に戻ることはなかった。

だから知識としてじっさいに積み重なってはいるけれども、経験の実体から見ると、いわば空洞のようなものしか持っていない。だから、もう一度本当にものとの接触をして、――つまりそれがひとつの感覚的なものということなわけですけれども――、本当にもののなかから生れてくる自分のなかのさまざまなもの思いを深めてゆく。そういう経験が、ある期間つづき、自分の中に経験的な変化・変容が生れてくる。たとえば「バロック」という言葉を知識として知っているとする。しかしバロックの絵画も教会も、その時代の雰囲気を表わす建物、広場、生活様式も知らない。これが森先生のいう「名」だけのヨーロッパ文明ですね。ところがヨーロッパにゆき、実際に絵画彫刻から教会、広場、建物などを見て廻る。そうした具体的な場で生活し事物と感覚的に触れることによって、次第に「バロック」という名で呼んでいた知識内容が崩れてゆく。まったく別のものを「バロック」だと思っていたというような思い違い、誤解などがどんどんと暴露されてゆく。と同時に、それは、今までと違った新しい経験、具体的・感覚的知識として「バロック」というものが身体の中に滲みこんでゆくことでもある。そこに経験の変容が起るのです。こうした手続は何もバロックだけではなくヨーロッパ文化全般について行われたわけですね。ともかくこうして自分の経験した知識内容が、これこそ「バロック」だとおのずと名づけられるようになる。つまりその内容がその言葉、名前とひとつになったというふうに理解したとき、はじめてそれが定義されたということになる。自分のもっていた知識、経験の定義をもう一度定義し直すという忍耐づよい経験の深化の試みがあったと思うんですね。普通の人だったなら、すでに知識として自分の所有と考えているものが、森先生の場合には、それが単なる「名」のみのものと見なされ非常にその絶望感が大きかった。最初の七年、五七年にいたるまでの、つまり『バビロンの流れのほとりにて』にみられる思索の、総括として、いま所さんがおっしゃったように、いちばん最後に définition ということが出てくるのですね。

所 そういうことになるようですね。

辻 最後のところで「感覚は自分でないものとの接触」という言い方をされてますね。いまおっしゃったようなジャンケレヴィッチの définitionisme というものと森さんが本当に真に自分のなかで交感するには、やはり『バビロンの流れのほとりにて』を書く七年間が必要であったと思いますね。むしろ森さんの場合には、アランを考えたり、あるいは définition ということを考えたりしたが、その définition によって、つまり自分のつかまえた定義によって、個々の経験を定義づけてゆくというところまではついにいかなかった。ですからとりあえずアランの『定義集』を訳すというような形で、自分の到達したものに内容を与えようとしたということがまず考えられますね。

所 『定義集』の翻訳によって自分の到達したものに内容を与えるというのは、どういうことでしょうか。もう少し具体的にご説明いただけたら……。

辻 「自分の到達したもの」とは、ヨーロッパ文化全般に対する経験的な把握のことです。それは「名」を打ちこわすという役割を果し、ある意味で「名」のない混沌とした、しかし確実に経験された知的実体というべきものです。それを忍耐づよく持ちこたえることによって、それに一つ一つ「名」が与えられるようになる。つまり「定義」されるようになる。しかしそれまでには何といっても時間がかかります。また定義の仕方にも、必ずしもヨーロッパの正統的な方法とは異なる、恣意的なものも出てくるおそれがある。そこで、とりあえずアランが経験内容に定義を与えるそのやり方を学ぶことによって、正統的な「定義」と「経験」との関係を考えようとした。これは「名」だけの知識を打ち砕こうとした森さんにとって、いわば新しい「名」づけ方の探究とでもいうべきことですね。森さんは何よりもこの「名」を打ち砕くことに専念された。「名」というもの、「名辞」とか色々な言い方をされてますけれど、それはどういうものかと言うと、要するにたんに名づけられた実体を経験的に全く攫んでいないもののことです。森さんはよく「名所」のことを言っておられた。日本にはいわば三大名所がある、さまざまな風景についてすでに名前が与えられている。しかしそういう風景は自分で見たもの、自分の感覚でとらえたものでなく、名前を知ることで十分満足する。天の橋立、松島、安芸の厳島だということでもう日本人は満足してしまう。それと似たようなことをヨーロッパあるいはヨーロッパから来た様々な知識についてもやっているんではないか、極端に言えば、そういう名前、名所になったようなもの、それだけで満足している。だから、そういう表面的な、名だけのものを打ち砕いて、もう一度自分の感覚でものと直接に触れ合いながら、そこからさっき所さんがおっしゃったように、それで経験を構成してゆく。その経験が深まり、ある実体となって、そこに一つの定義を与えよう、名づけようという動きを感じる。そしてそれに相応するものとして、それがヨーロッパ人が定義した徳や知恵、自由、あるいは名誉というものに相応しいものである、まさにこれこそがそれなんだというところまでゆく。そこではじめて、定義——いままであったヨーロッパ文化は言ってみれば厖大な定義集と言ってもいいと思うんですけど——つまりそういうものに達しえたといえる。森さんはこう言っておられる。『バビロンの流れのほとりにて』のロンドン、一九五三年十二月二十五日のところです。ヨーロッパに着いて三年たったときですが。「今結論だけいうと僕の経験の世界が一つの円環的状態に達したこと、僕にとって人間の精神の限界が何であるかが判りかけてきたことである。と同時に、僕にとって驚くべきことが起った。それは、この厚みを非常に増した新しい経験の層を通して、自分というものが再び見えだしたこと、それが自分であるということは、それが以前に定着された自分と実は同じ自分だったということだ」。これは、厚い経験の層が、ヨーロッパの経験の厚みを耐えて生れてきて、そこにもう一度自分というものが見えてきたということですね。ヨーロッパというものを、感覚からはじめて、ヨーロッパといういわば定義集を自分の経験でもう一度定義し直す、そしてそれがいわば一つの円環的な状態にまで達したということだと思うんですね。ですから、そういう経験を通してはじめて、「定義」というものに戻ることができた。つまりたんなる感覚によって接触する場合には感動したり、あるいは様々な直接的に無媒介的に自分のなかに入ってきたりするものを、もう一度ものそのものに返してゆく、そのものの実体に即して自分をもう一度たて直してゆくようなことが始まってきたんだと思いますね。それは、先ほど言われた「定義」とは非常に近いのです。森さんは「経験」という言葉をすでに前から言われていますけれど、ここではじめて感覚の層が、つまり自分の経験の層が、ひとつのある円環状態として完了した。そしてその経験の体系が、はじめて定義をもとめはじめたと言ってもいいと思うんですね。そこにひとつの大きな転換がはじまってきて、それはさっき言った……

所　森さんの言葉で言うと「新しい名である定義がそれにかわった……」。

辻　そういうことですね。ですから『バビロンの流れのほとりにて』全体のなかの特に「バビロンの流れのほとりにて」という部分はまさにそういう「定義主義」、定義というものを森さんが自分の経験として定義を定義するプロセスだったと考えることができますね。

「経験」の総体の表現と抽象化――「定義」の特殊性

所　ただ「定義」ということになりますとね、「感覚」とか「経験」とかとは違う面が当然あるわけで、一九五九年の八月十九日のところ（「城門のかたわらにて」）ですが、「定義するということの最高の姿に達しなければならない。……ヘーゲルとアランとの姿が大きく浮び上ってくる。抽象が力であるということを自分について実証しなければならぬ」、とあります。こういう、感覚、経験といったときになかった抽象という問題が出てきますが、その点はどういうふうにお考えになられますか。

辻　これは、森先生がたえず二つのものを追い求められていたということだと思うんですね。ひとつはセザンヌの絵とかゴッホの作品とかというもの、あるいは文字の表現ですとリルケの詩とかプルーストの作品とか。そういうものは抽象的な言葉ではカヴァーできない。それを常に超えている生成体として経験を定義していると言うわけですね。それに対して今のような抽象的な概念規定をしながらある定義を明晰・明確化してゆくということは、はじめのうちは全体的な仕事と質の違ったものだという言い方をして、自分は抽象的な仕事の仕方よりもむしろ全体的な表現というような仕事をやりたいと言っておられたのですね。ですから、それはいま言っておられたところまで先生がすごく膨らんでこられた、深められてこられたと言ってもいいですね。先生のなかで非常に重要なところだと思うんです。ひとつ引用しますと一九五九年の一月三日です。「カントやフッサールの本とプルーストの小説あるいはセザンヌの作品とは同じ種類の仕事に属するものだろうか。これは僕の長い間の疑問でもある。僕の答は否定に近い」(「城門のかたわらにて」)と書かれてますね。

所　その「否定に近い」という考えをね、『経験と思想』の時期まで、森さんがずっと継続してもっていらしたとお考えになりますか。

辻　いや、それはすこし変っていったのではないかと思います。パリでよく僕なんかに話されたことですけれども、ひとつは『バビロンの流れのほとりにて』のような――いわばこれはまあプルーストのような全体的な表現の作品としてずっと書いてこの後も何冊もつづいてゆくものですが――そういうものがありながらしかし同時にアリストテレス的な定義だけで構成されたものを絶対に書くんだ、と言っておられた。つまりそれが『経験と思想』という総題の厖大な著作になる予定だったんですね。ですから、「否定に近い」とここでは言っておられますけれど、その後、あるいはこの時もやはり別のアスペクトではそれは相関的、お互いに補完的なものとして存在しているんだって考え方はもっておられたと思いますね。ただ、森さんの場合には音楽というものがありまして、この音楽、特にバッハですね、バッハを文章の形で、思索の形で書きたいといっておられた、これはついに実現しなかったんですけれども。結局、言葉でいくらバッハの音楽を解析し定義づけても、結局音楽を聴くあるいは音楽を演奏するということにはどうしても及ばないのではないかという思いを常にもっておられたんですね。

所　森さんの好まれたバッハ、彼の曲をどう解説してみたって、どう解析してみたって、その曲の演奏を聴くことにはどうしても及ばないということ、また、私はオルガンは弾けませんが、この曲をオルガンで自ら奏くときに心に響くものの響いてきようがないということ、このことはまことにごもっともな話です。しかし音楽とか彫刻のような芸術的創作や小説とか詩のような文学的活動の場合は別として、思想とか哲学とかいうものを考えた場合、もしも「どんなに厖大精緻な神学も、一介の田舎娘の素朴な祈りに如かない」（「城門のかたわらにて」）、ということに徹するとすれば、もしそういう方向に一辺倒だとしますとね、哲学などは全く要らないということになってしまいはしないでしょうか。それも講壇哲学という意味じゃなくて、すべての哲学、一切の知識は、不要であって、禅ではないけれど不立文字みたいなことにもなりかねないでしょう？

辻　そういう傾向が森さんにまったくなかったとは僕も思わないんですが、しかしそれ一辺倒だったとも思えないんです。

所　それは、私にもまた、そうは思えません。しかし、音楽家が一つの作曲をするというのも、森さんの言葉遣いで言えばやっぱり一つの「定義」であり「定義すること」であるわけで、その意味からすると、『方法序説』や『省察』はデカルトの、『純粋理性批判』はカントの、また『精神現象学』はヘーゲルの、彼らなりの、〈世界〉あるいは〈人間的生〉あるいは〈哲学〉の定義であって、彼らそれぞれの「経験」が彼らそれぞれを定義するその定義であるということになりますが、その意味での「定義」と、先程辻さんのおっしゃった「アリストテレス流の定義だけで構成された」書物を書きたいと森さんが言われた意味での「定義」とは、同じ「定義」という言葉でも、ドッペルドイティッヒに使われていはしないでしょうか。これはあくまでも私の感じですが、どうもそういう感じが、少なくとも私には拭いきれません。その点をどういうふうにお考えでしょうか。ズレているのかいないのか、ズレていないとして、それでは、どういう連関のなかで係わり合っているのでしょうか。

辻　それはもうちょっと次元をズラしてみて、こういうふうに言えませんか。つまり「経験」という概念、考え方そのものがすでに「定義」であるというふうに。定義は経験によって構成されなければならない、もっと平たく言えば、定義というのはどんな定義にも一人の人間が深い経験を積んで、その経験によってそれを裏打ちしている、その定義を内から満たしていかなければならないということですね。

所　つまり森先生の言葉だと、「経験が私を定義する」……。

辻　そういうことですね。ですから、そういうふうになりますと、結局、経験はある意味ではたしかに言葉によって定義はされているけれども、この場合に、言葉として表わされた定義は、いわゆる普通の名辞ではないんですね。ですから、言葉の背後にあるものは、これは芸術作品と同じようなものですね。たとえば、一つ一つの作品が美を定義しているという言い方をされますね。ですから同じ経験と定義の問題でも、もし抽象的なレベルの言葉でのみ、構成しているのなら、つまりもしそういうふうに言葉で構成されたものを、経験によって内側から構成していかないような連関として考えているならば、それはセザンヌとかプルーストの作品に及ばない、と言ってもいいと思うんですね。しかしながらそれを森さんふうに、経験で定義を構成しながらいくとすれば、その哲学、抽象的なロジックだけで組み上げた体系も、やはり生き生きとした作品になりうる。

僕が言いたかったのは、ここでいうセザンヌ的なもの、つまり総体的な芸術作品として存在しているものと、抽象的な言語のかたちで、論理的な体系として作られたものとの間に差があって、前者の方がはるかに全的なものを表わしているんだというふうに強調しておられるのは先生の真意ではないということです。もし、先ほどの村の乙女の信仰の方が精緻な神学よりも偉大だという考え方をとってゆくと、哲学は成り立たなくなる。先生がここで言っている真意はいわゆる「言葉が虚しい」とかそういうものでは決してない。もしそうだとすると、さっきの定義がまったく意味がなくなってくるんですね。ですから、先生にはその両方がなければならない、つまり『バビロンの流れ』の系列と同時に『経験と思想』系列もなければならない。言葉という形、抽象的な形で論じられるものを危惧されるのは、そこから人間の本当の経験が排除された形でも成り立つ点でしょう。ところが一方、セザンヌ的な世界、芸術表現の仕方は経験なしでは成り立たない。そういう点がいちばんのポイントではないかと思います。なにかについての説明ではなくて、もののなかに入る、ものと一体化するということ、それが芸術表現の仕方ですから。けれども経験が感覚から始まっているようにすでに定義そのものが実際にあるものになるということ、あるものにつくということですから、もしそれが真の定義であれば、なにかについて説明するということではありえないわけですね、定義そのものがすでに定義されているということは、つねにそういうものと一体化した経験を析出してゆくことです。そして言葉によって一見形を与えられたとしても、その言葉を本当に理解するということは、じつはその経験のなかに自分が入ったということでもあるわけですからね。別の言葉で言えば経験を自分で積み重ねる、深めることによって、その定義まで達しなければその定義が理解できたというふうには言えないわけですから。そうすると、その言葉を理解するということは決してそれについての説明ということではないわけですね。あるいは説明的なアプローチでとまっているものではないというふうに考えていいんじゃないでしょうか。

所　その場合に、経験のレベルでとまってしまって定義までゆかない、という事態が起ることはないでしょうか。

辻　それを森先生は体験と経験に分けているのです。経験は途中でとまるということはありえないものだと思うんですね。つまり、それについて何らかの表現に達しないことはないのではないでしょうか。

所　そこのところがね、私はよく判らないんです。つまり経験ということが肝心である、そこまでは判ります。さて、そこから定義に移る、その必要性と言うか、必然性と言うか、森さん流の言葉を使うと「促し」と言うのかな、そういうものがどこから出てくるのかというのが、どうも判らない。そこのところの道程については、森さんは「感覚と経験とが普遍の域に入る、そのときに思想に達する、すなわち定義に達する」というふうな言い方をしていらっしゃったり、あるいは感覚から定義に到る「道程への確信がますます堅固になる」と言われている。だから、そこのところにある必然性を見てはいらっしゃるわけですね。

辻　それは絶対にそうですね。

所　その必然性が当然なければならないと思うんですが、それはいったいどこから出てくるんでしょうか。

辻　それは定義のほうから考えてみるといいのではないでしょうか。あらゆる定義は言葉として表現されている。森さんはもうすこし拡張解釈して、芸術作品そのものも定義だというふうに言われていますね。ですから、すくなくとも定義されたものというのは、定義の形で存在しているものだ、と言っていい。この定義の形で存在しているもの――たとえば音楽における作曲された作品と演奏を考えてみてもいいわけですが――に、われわれは経験によって近づいてゆく。経験が円環的に充実して、そこに定義が見えてくる。ですからそれを逆に言いますと、この場合の経験とは、ある事柄の本質領域の内的把握というようなものですね。それを、その人の表現のもっとも相応しい手段で表わしてゆく。それが定義なのです。この表現の形は、客観的な存在です。ですから、資質とか訓練とかという問題はありますけれども、そういう客観的なものにするためには現実的な訓練、つまり技術的なものにたよらなければならないと森さんは考えておられた。とくに演奏技術の場合を頭におかれてそう考えておられた。本質領域を何らかの形で客観的な形にするということが定義なんですね。

所 それが辻さんの、「すでに経験という形で本質領域を定義していたものに対して、あらためて〝言葉〟を冠するのである。思想はこの言葉による定義の領域に成立する」(「感覚のめざすもの」)ということ、というわけですね。

辻 そういうことですね。『木々は光を浴びて』のなかの「雑木林の中の反省」でコミュニケーションが断絶している理由の一つとして、経験の軽視ということを挙げています。経験によって言葉が定義されていないために、言葉が勝手な意味に解され、言葉が通じなくなっているというのですね。「言葉は各人にとってかけがえのない経験を表現するものであるのに、逆に言葉によって経験を左右出来る、と考える……」つまり「言葉は経験によって定義されるべきであるのに、言葉が経験を定義している」といっておられる。つねに言葉の側から人は入っていってしまう。ヨーロッパ文化を言葉で読んで、カントを言葉で読んで理解する。実際はそうじゃなくて、カントのあの厖大な定義を定義するのは、こちらの経験があそこまで深まってはじめてそれはそうなんだ、と納得するとき、それが定義として、哲学として成立する、先生はそういう考え方をするわけですね。

「ヨーロッパ対日本」という図式

所　「定義」ないし「定義すること」については、それが本日のテーマですから、あとからもう一度、全体の総括あるいは集約という形で、そういう意味合いも含めて、承りなおすとして、今ちょうど、ヨーロッパ文明の理解という問題に言及なさったので、話題をそこへ移すことにしたいと思いますが、今おっしゃったところからしますと、「感覚‐経験‐定義」という考え方、森さんのそういう発想の根底には、日本のヨーロッパ文明の受容の仕方というようなものに対する批判があって、在来の日本的な受容の仕方というのが、かなりその発想を左右しているとは言えるわけですか。森さんの発想を左右していると言うのは、森さんの発想を抑えている、首根っ子を扼していると言っているわけではなくてですね、それをいつでも仮想敵みたいに考えていらっしゃる……。仮想敵というのは少々言い過ぎかも知れませんが、何と言うか……、つまり、それが発想のいわばアンチ・テーゼ的モチヴァションになっている……。

辻　そういう気持がずっと続いていたことは事実だと思いますね。日本とヨーロッパという対立の図式を先生はずっと考えておられ、最後まで放棄されてないわけですから。日本の心性の特徴である例の「二項方式*」にいたるまで。しかし私は「コスモポリタンとエトランジェ」(『森有正』筑摩書房)のなかで書きましたが、先生は、ヨーロッパ的な思想のあり方、ヨーロッパの思想そのものが、ギリシャ・ローマの芸術作品なり定義なりを、ゲルマンやケルトの蛮族が、次第に自分たちの経験を深めて、そのギリシャ・ローマの経験を透明にうつすことができるまでになったときにそれが自分たちのものになりえたと『バビロン』のなかで書いているんですが、同じ言い方をしますと、ヨーロッパ以外の、第三国なり東洋の国々が同じような形でそれを消化し、そういう経験を深めることによって、ヨーロッパ的なものを十分に自分のなかに定義できるようになる時点があると思うんですね。そういう時点はたとえば交通・情報手段が便利になったり、あるいは経済的に世界が一つになったりすることによって非常に早く実現してしまった。その中で森先生の「日本対西洋」という図式は、ある意味で非常にズレ落ちた部分があるんじゃないかという危惧が非常に長く続いていた。しかしそう断定することは、全体の思想の流れのなかで非常に危険な傾向を含んでいると思う。なぜならその図式がなくなったことを拡大解釈して、西洋の思想そのものがもはや意味がなくなった、風化した、日本は西洋を追い越したんだという考え方にすぐ短絡してゆく危険性があるわけですから。だからそういう考え方はデリケートな形で表現する必要はありますけれども、基本的にはそうした現象は事実あると思うんですね。森さんのなかには、ヨーロッパが先進国であって、自分たちよりも生活感覚的にすぐれていて、その知識の量も厖大ならその発想機構も精密であるという考え方がどこかにあったように思うんですね。これは具体的なエピソードなので先生の全体を理解するには具合の悪いことかも知れませんが、たとえば、森さんが日本に久しぶりに帰ってこられて一緒に東京の町を歩いていますね、そして西洋人とすれちがう、すると、辻さん、あの西洋人はね、日本ですごく居心地がよくなってるんですよ、でもああいう西洋人がいるかぎりヨーロッパは駄目ですね、という言い方をされる。ということはつまり、日本がいい、日本が好きだといって同化した西洋人のクリティックのない形での日本への同化はよくないんだというふうな考え方をされているわけですね。それはやはり、西洋が先生で日本は生徒だという図式がどこかに跡をひいてるわけですね。生徒はやはり生徒として、先生は厳しく批判してその悪い所を正すという教育的なアプローチの仕方をしなければいけないんだという考え方がどこかにある。しかしそれはもう現在の時点ではほとんど有効性を失った考え方ですね。という のは、そういう部分ももちろんあり、自己を正す謙虚さは忘れられてはなりませんけれども、大部分の場合それぞれの新しい文化情況のなかで新しい思索の方法で手探りしながら、経験を深めてゆく以外にないわけですから。かつてそうであったように、たとえば、アングロ・サクソン風の友情なり、忍耐強い生き方とか、あるいはアメリカの進取の気性の生き方とか、あるいはフランス風の分析的、

＊ ヨーロッパにおける人と人との関係は孤絶化を特徴としており、「私」(一人称)以外はすべて「他人」(三人称)である。ときに「私」と「汝」(二人称)の親密な関係が成立する場合も、それは常態ではなく、しかもその「汝」はつねに「私」と結びつくことによって特別の存在になっている。倫理性、責任意識など、「自我」と「社会」の間の冷徹な緊張関係も、これを基本としている。ところが日本の場合、「私」と「他人」の関係は、「ただ一人の相手以外の凡ゆる他の人の参与を拒む」という排他的な融合関係のなかで「私」と「汝」に転化し、しかもそのさい、「私」は相手にとっての「汝」、つまり「汝の汝」となる。「汝の汝」と「汝」とのこの特有な関係を森有正は「二項方式」と呼んでいる。『経験と思想』の中で、森はこの「二項方式」を言語にそくして、日本語構造批判として、さらに展開するはずであった。

実践的な生き方とかをただモデルにするということはできなくなった。新しい状況に応じた新しい生き方、たとえば日本的な、場的な生き方が企業システムなどでクローズアップされる。その全体的な主体から考えてゆく考え方が有効な情況も出てきているわけです。そうなると、森さんの最初にたてられた図式のある部分は、有効性を失ってきてしまっている。だから、何が何でも森有正が素晴らしいといってそれを無視して拡大するのもおかしいし、森有正のその部分は無効になったから、森有正はもうのり越えられたと考えるのもおかしいわけですね。むしろこうした状況だからこそ森さんが苦闘された経験という意味、それから définition の意味の深い把み方が、今僕たちにずっと必要になってきていると思うんですね。

所　話がおのずと「定義」に戻ってきたようで……。そこで、更めてと言いますか締めくくりとしてと言いますか、もう一度おうかがいいたします。ただ、すでにお話しいただいたことと重複するところも多分にありまして、ですから、そういうところについてはいわば結論的に、つまりごく簡単にお答え下されば、と思います。第一に、「定義」とは何か、「定義する」とはどういうことか、ということです。しかし、同じことを同じように繰り返してうかがってみても致し方ありませんから、違った形で、別の角度から、質問を立ててみましょう。森さんの「経験が私を定義する」ということですが、これはしかし、まず「私」というものがいわば実体的にあってそれにいろいろな「経験」がいろいろな形でつぎつぎと付着してくる、というふうに考えるべきでないのはもちろんでして、つまり「経験」をぬきにして「私」は「私」として限定されないというわけですから、そうしますと「経験が私を定義する」ということは、「私をデフィニールするその経験によって、私が私として創られる」

と言い換えてもよいでしょう。ところで森さんによると、一つ一つの芸術作品はそれぞれ美の定義です。この意味の「定義」と今さっきの「経験が私を定義する」という時の「定義」とは、どうもズレがあるように思えます。たとえば『暗夜行路』、これを恋愛小説だと言った文芸批評家がいますが、そうだとして、そうすると『暗夜行路』は愛の一つの定義、愛の直哉的定義だということになります。しかし、それは直哉がそのようにデフィニールしている定義であって、もちろんその背後と言うか、基底と言うか、そこにはその定義を支えて彼の経験がある。その意味では彼をデフィニールしている「経験」が彼をして愛をそのようにデフィニールさせた、という言い方をすることもできるかも知れないけれど、愛の定義としてのその作品は、経験が彼を定義するのと同じ意味で彼を彼として創るというわけではないでしょう。言葉による言葉の定義もここに係わってくるように思います。先程おっしゃった、そのおっしゃった時の言い方をそのまま拝借しますと「セザンヌ的なもの、つまり総体的な芸術作品として存在しているもの」と「抽象的な言語のかたちで、論理的な体系として作られた」いわばアリストテレス的なものと、両者の間には差異があるかどうか、という問題、この問題は今は棚上げするとしまして、たとえばアリストテレスが正義を定義しているその定義、アランが愛を定義しているその定義は、経験によってデフィニールされた彼らのその経験なしにはありえないであろうし、したがってそれをわれわれは、彼らと同質の経験によってデフィニールされることなしには、本当のところ理解することができないわけで、その意味では、経験によってデフィニールされることなしにはそうしたデフィニションに到りつくことが私には不可能だ、と言ってよいでしょうが、それでもやはり、「経験が私を定義する」と言われる際のその「定義」と「感覚から経験へ、そしてさらに定義へ」と言われる際のその「定義」とは、どうも重なり合わない。重なり合うところも大いにあるのですが、しっくりと重なり合ってはこないように思えるのです。そして第二に、「感覚－経験」から「定義」への、言い換えると「この定義、換言すれば内面経験の堆積過程」（一九五八年十二月十四日）という、こういう意味での「定義」から「感覚と経験とが普遍の域に入る、そのときに思想に達する、すなわち定義に達する」という、そういう意味の「定義」への移りゆき、そこのところにさっきの田舎娘の敬虔な祈りということも抽象の力ということも絡んでくると思うんですが、この移りゆきの必要性ないし必然性が、やはりどうも、しっくりこない。というのは、「内面経験の堆積過程」としての「定義」、つまり、平たく言うと借り物の思想や観念や習俗に倚りかからないで「経験」によって「私」を「私」として創ってゆくということは、森さんの場合、万人にいわば汎通的な、およそ生きとし生ける人間のあるべき在り方、というふうに説かれているように思えます。その意味では、敬虔な祈りを捧げる純朴な田舎娘にも彼女なりの「内面経験の堆積過程」はありうるはずで、もしありえたとすれば、それで彼女は立派に生きている。美事に生きているわけです。しかし彼女は、そこから出て「普遍の域」に入ろうとはしない。森さんは思想家だから、かねがね「自分の思想をもちたい」と思っていらっしゃるわけで、ですから「普遍の域」へ入ってゆこうとされるわけで、そういう森さんの切実なお気持は痛いほどよく判りますが、それは思想家の問題、言うならばエリートだけの問題、ということになりはしないでしょうか。「経験を」ということと「定義へ」ということとは、森さんのなかでは切実につながっている、その意味では必然的につながっていると言ってよいけれど、全人間的な要求と言うか普遍的な主張と言うか、そういうものとしてのその二つそれ自体の間にはギャップがあるように思えてなりません。

辻　今おっしゃられたことは、森さんの思想の形成だけではなく、思想一般のあり方にかかわる重要な問題を含んでいます。ですから、とても一口に言える内容ではありませんが、あえて簡略に描き出すと次のようになるのではないでしょうか。すなわちどのようなすぐれた思想家も、彼が生きた時代の精神状況から決して離れることはできない。むしろ時代が達成した成果を思想家が思想の形で表現する。あるいは定義する。時代の人々が生産やら冒険やら社会制度の改変やらを通して経験してきた精神内容が、それこそ低いものから高いものまで内面に堆積されてゆく。しかしそれがすべて定義され、明確に表現の形を得るわけではない。そこに思想家哲学者の天才が介在する必要が出てくるのです。しかし天才だけで十分かというと、やはりそうではなく、物言わぬ経験の一般的な土台が前提とならなければならないと思います。経験の拡がりと定義の上昇方向とはそのような関係にある。もうすこしヨーロッパに即して言わせていただくと、プラトン以来ヨーロッパではある情況、経験を、言語的な形で表出してゆくことが文明の根底にあります。しかもたんに抽象化された言葉だけで理解してゆくのではなく論理的な思考、観念化された言語的な構築であっても、その言葉によって経験の内容をすべて包み、保ち、時間の流れの外に、つまり永遠の領域に保つという作業が精密におこなわれていますね。ですから、日常的な事柄、卑近な経験についても、それを決して一面的に説明するのではなく、その言葉のなかに経験の全領域を保とうとする姿勢、言葉がちょうど経験の保存器になるようにしようとする姿勢があります。たんにある一面から定義するのではなくて、勇気の定義と同じように、色々な具体的な情況について判断を下し、いわばその経験の全領域をつかんでゆく。最初に在る本質領域としての経験をつねに生きたものとして、摑み、それによって言語を活性化してゆく、言語へ、定義へ生きた内容を駆動させてゆく。思索をそういうもので動かしてゆく。ヨーロッパにはそうした基本の構造があると思うんですね。

「経験」は「定義」されつくせるものなのか

所　ところで定義といった場合に、経験というものは言葉によって定義されつくされるものなのか、それともされつくされないものか、どうでしょう。

辻　それが問題なんですね。もし、セザンヌの絵の方が、セザンヌについての説明である論理思考を永遠に乗りこえているという考え方に立てば、言葉によって定義されつくされないことになりますね。しかし経験が、縷々として述べてきたような形で定義と結びつけてゆくとすれば、その定義はじゅうぶんに経験を定義しつくせるものじゃないでしょうか。

所　私のうかがいたいのはね、さっきの「厖大な神学の大著でも、田舎娘の敬虔な祈りに如かない」という場合のその厖大な神学の方、それが問題なんです。そういう形で追っかけていった場合に、経験というものは定義されつくされるのか、それともつくされないのか、つまりその「敬虔な祈り」の方が本物だとかどうだということは別にしまして、知的な営みとして、フィロゾフィーとして、経験から定義へとゆこうとする場合、その定義が経験を完全にカヴァーできるものなのかどうか、そこはどうなんでしょうか。森さんにはこういう言い方があるんですね。「荒野に水は湧きて」ですか、あの中に「定義されるものが定義を超越するということ……、〔そのことを〕認めるに到るところに真の〝経験〟が成立する」というふうな言い方があるんです。そうするとやっぱり、じゅうぶん経験を土台にした定義であった場合でも、定義というものは結局、その経験を完全にカヴァーできないというふうな考えが森さんにはあったような気がするんです。

辻　しかし、もしそうであるならば、経験が定義を構成するということは、存在しなくなるわけです。

所　或る段階、或るレベルでは達成できます。ところが途端に経験はそれに先行してゆく。

辻　もし、それがたとえばベルグソン風に、知性が思索という生命体を凝固させるものであるのであるとすれば、それを定義しても生命はすでにそれを跳び越えて、膨らんでゆくものですから、もし定義と経験の関係をそういうふうにとらえれば、いまおっしゃったようなことになると思います。

所　いまベルグソンが出てまいりましたけどね、これは私の非常にあてずっぽうで無茶苦茶な見方なんですけど、森さんの「経験」というのは、ベルグソンの durée pure を連想させるものがあると思うんです。

辻　そうですね。

所　durée pure というのは、意識という概念からは離れられない、そういう意味においてぎりぎりのところやはりサイコロジカルな概念です。森さんの場合の「経験」というのは、何と言ったらよいか、いわば人生論的にそれを incarner した、そういうふうなものとして考えられているような気がするんですが、そういうふうに考えてはいけないんでしょうか。

辻　多くの森さんの読者はそういうふうに受け取りやすいんです。むしろそういうふうに受け取ることによって、自分たちを encourager する機会にしていると思うんです。けれど僕は、森さんの考え方のなかに「経験」という観念をそういうものからもっと観念として完成させてゆこうとする方向があったと思うんですね。だから『経験と思想』のなかにでも、それは意図としてもっておられたし、僕が冗談まじりにそのこと「『プラトン総索引』の周囲」（『プラトン全集別巻』月報、一九七八年一月）で書きましたように、最終的に索引を作るという考え方、つまり定義の明晰さと体系的関連の正確さを目ざす意志、に通じてくると思うんです。けっして人生論的なものを書かれる意志はなかった。もちろん、先生はそういうふうにお書きになることが多いし、牧師さんの息子さんだからどうしてもそういう発想もおありですけれども、やはり哲学者としてはそうではなかったですね。森さんの場合に生活の中で生活を素材として思索するアランがやはり哲学者の理想であったと思いますね。

日々の具体的な思索——アランと森有正

所　『プラトン全集別巻』の、辻さんの著書（『森有正——感覚のめざすもの』筑摩書房、一九八〇年）では「先生とプラトンと索引と」という題で収められたあの文章は、非常に興味深く読ませていただきました。プラトンについてですから森さんの名前が出てこなくてもいいわけですが、森さんが登場するというのは、もしかしたら森さんの定義主義ということが念頭にあって書いていらっしゃるのではないか、と思いながら読んだ憶えがあります。このことが念頭にあったので『ラケス』を先程も持ち出したわけですが、索引ということは定義ということと直結しうることですからね。なお、アランについて森さんには、「サルトルなんかよりもずっと自分に教えてくれるところが多い」とか、「わが師」という言い方がある。それから「人間の根源的接触に我々を引き戻した」というふうな言い方もありますね。

辻　そうですね。さっきちょっと触れましたが技術的な理性あるいは計算的な理性という現代の技術社会を導き出したところの人間の思考に対する批判的な姿勢として経験というものを先生は考えていますね。技術的理性のなかで人間が生きなければならなくなった現在、いかにして人間がそこから自分を救い出すことができるか。それはいま言われたように、根源的な経験、生き方のなかに戻ってゆく以外にはないというふうな言い方をしています。アランの考え方のなかに、身体性、強い具体性、地上に人間があるという意味での具体性、そういうものにもう一度戻ってそこから思索を組み立ててゆこうという姿勢がはっきり見てとれる。ですから、ある意味で、人生論的と言われましたけれども、人生をいかに生くべきかという根源の問題へ直接つながってくるところはあるんですね、アランの哲学は。短絡的にそれを考えると、アランの思索のなかにある深い、永遠の真理へ向かっての歩みを見落して、実践理性的な高級な処生訓というような考え方もできなくはないですね。しかしながら、森さんは――アランももちろんそうですけれども――あえてそれを取る。人間のあらゆる思索が抽象化され微細化され、先細りになって、行く手に発展がみられなくなった場合、技術的にも思索的にもこれ以上精緻な思索はないというふうになった場合、もう一度人間がいかに生くべきかというその根まで、戻ってこないと、さらに次の問題に発展はできない……。

所　さっき〝人生論的〟という言い方をしましたが、これはまずい。むしろ〝人性論的〟というふうに言い改めさせていただきたいと思います。つまり私はね、「経験」ということを森さんが言われる時のその「経験」の「堆積過程」を受け入れる「私」というものとして、時間の中をまっしぐらに突き進んでゆくという意味ではベルグソンの durée pure を連想させるようなものを、しかし生身に生きてる人間のその生身の裏付け、肉付けでもって、incarner されたようなものを、森さんが考えていらしたんじゃないか、ということを言いたかったわけです。

辻　それは本当ですね。ですから森先生の場合、やはりリルケとかプルーストとかがしばしば出てきますけれども、それは詩人たち作家たちが辿った生き方が単にロジカルな思弁の領域、観念の領域に閉じこもるのではなく、つねに自分の一日一日の生活の具体的な裏づけによって思索し直された全人的な形での真理追究であったからですね。たんに叙情的だとか情感的だとか感覚そのものに訴えてくるとかいう生活態度よりは、日々の具体的な思索ということを強調されている。おそらく経験ということのなかの一つの面は、そういう土台の部分が強いんじゃないですか。先生は自分たちの住いも経験によって定義されている、住いというものは一つの経験の定義なんだという言い方をされていますね。そうなると着ているものも定義だし、話し方も一つの定義だし、つまり存在のありようそのものが定義だということになりますね。

辻　僕が今度はお聞きしないといけないんですが、アランの『定義集』は一つの性格として、そういったいわばいかに生くべきか、という本当のいい意味の人生、生き方についての思索、モラリストとしての思索が濃厚に読み取ってゆけるのですか。たとえば他の同時代の哲学者、二〇世紀初頭の哲学者にくらべて。

所　お答えになるかどうか判りませんが、『定義集』のうちにある「abattement」から「zèle」までの二六四語、それらの「語の選択には、何らの一貫した方針もみられない」。これは出版者の前書きのなかの言葉ですが、その前書きによると、アランは約五〇〇枚のカードを用意していたらしい。つまり五〇〇ほどの定義語を選んでいたらしいのですが、「空白のまま」のカードもあった由、すなわち定義されるに至らなかった語も二〇〇以上あったわけで、こうして定義が出来ていた二六四語だけを収録したという書の出版の経緯から言っても、未定稿的な性格が非常に強い。少なくとも私には、そういうふうに感ぜられます。もちろん私は、個々の定義において、その要所要所で、いかにもアランらしいものと言うか、きわめてアラン的なものと言うか、そういうものがきらきらしていることを認めるにやぶさかではないし、その全篇を通じて、「訳者のことば」にもあるように、「ものとことばと思想との関連を実によく示している」と言ってよいでしょうが、たとえば、ラ・ロシュフコーの『箴言』が「それらしい様子をした美徳の嘘」を暴くという意図によって終始支えられていたのとは、大分事情が異なるような気がします。全篇を通じて浮かび出てくるいわば最大公約数的なもの、むしろ最小公倍数的なものが、どうも私にはよく判らない。その意味では即興的なものという色彩が濃厚なのではないでしょうか。

辻　アランのような人が定義を生きているさなかに書きとめておくという意図はどう理解したらいいのでしょう。

所　これもお答えになるかどうか判りませんけれど、『定義集』の全篇を通じて一貫しているものが私には見定まらないということを今申しましたが、実ははっきりと一貫したものが一つあるんです。それは、いみじくも森さんが言われたように、「ものとことばと思想との関連」をきちんとしたものにしようという姿勢でして、あるいは方法論的な態度と言ってもいいかも知れませんが、ともかくその点でアランの『定義集』は、ラ・ロシュフコーの『箴言』とは、そうしたモラリスト的アフォリスムとは、截然と異なる。しかしその〝関連〟をきちんとしたものにするためには、まずもって、言葉を正確に捉えるということが、抑え込むということが、先決の要件になります。このことは、もしかしたら西欧語のすべてについて言えることかも知れませんが、ドイツ語や英語の場合は措くとして、フランス語だから、フランス語だからこそ、可能なのであって、日本語の場合はまず無理なこと、出来ない相談ではないでしょうか。たとえば「しかし」と「だが」と「けれども」と「しかしながら」と、これらの言葉はいったいどのように異なるか、用例を挙げてそれを示せ、と言われたら私どもは困ってしまいます。要するに発話者の、あるいは書き手の気分による相違しかなく、個人の好みの問題でしかない。ところが、フランス語の場合ですと、「mais」と「pourtant」と「néanmoins」と「toutefois」と

「cependant」との間には、きちんとした区別がある。同義語辞典と言うか類語辞典と言うか、シノニム（synonyme）の辞書にはこう違うんだということが書いてある。もっともその違いはかなりデリケートで、そこに書いてあることを読んだだけでは、それこそ「経験」がないから、頭で判ったというだけですから、私どもにはピンとこないところがありますが、違いがあることだけは間違いなく判る。意味内容上の区別というよりはニュアンス的な区別、しかしそうしたニュアンス的な区別においてあるそれらの語をデフィニールするものは、その使い手個人の個人的な恣意では絶対にありえない。もう一つ、『定義集』のなかの定義語に例をとりますと、一番目に出てくる「abattement」と五番目に出てくる「accablement」、森さんは前者を「落胆」と訳し後者を「失望」と訳されていますが、その二つは違う、違うんだとアランは言って、その二つの事態それぞれへの、それぞれに適した、つまりは違った対処法について述べています。それではその二つはどう違うか。どう違うかをどのようにアランが論じているかについては、今は取り上げる必要はないと思いますが、問題は、違うということをアランが言うのも、言わなければならないというのも、裏返して言えば、そもそもその二つが同じカテゴリーに属する言葉だからだということがその一つ。そしてもう一つは、にもかかわらずそこには明確な区別があって、その二つは違うんだとアランが言うとき、彼は勝手に、彼がそれら二つの言葉の響きから受け取った個人的な感じから、主観的な感じだけから、そう言っているわけではない、ということです。シノニムの辞書を見ますと、「abattement」,「découragement」,「accablement」「anéantissement」の四つが同類語として挙っていて、この順で重くなる、意味が強くなる、ということが、非常にはっきり書いてある。「anéantissement」までいきますと、これはもう、憔悴状態、茫然自失の腑抜けの状態ですけれども、要するに「extrême abattement」、つまり極度の「abattement」なんですね。こういう「がっかり」とか「がっくり」とかいう意味の日本語を拾ってみると、「落胆」とか「気落ち」とか「気抜け」とか「意気沮喪」とか「意気消沈」とか、「失望」や「失意」もそこに加えていいでしょうが、こういった言葉をデフィニールしてみろ、限界を見定めて区別してみろ、と言われたら、困ってしまいます。たとえば、「意気沮喪」と「意気消沈」とはどう違うんだ、どっちが重いんだ、と言われたら、個人的な感じとしてしか答えようがない。個人的な感じにもとづいて、ということなら、当然人によって違ってくることになります。試しに幾人かの人に聞いてみましたら、「消沈の方が重い」と思う人、そういう人の方が多かったことは確かですが、反対に「沮喪の方が強い」と考える人も結構いるんです。こういうことは、フランス語ではありえないことですね。フランス人だったら、「abattement」と「accablement」とについて、百人が百人同じことを言うと思うんですね、必ず。それでは、どうしてそういうことになるのかと言えば、擬人化した言い方をしますと、「abattement」とか「accablement」とかいった言葉自体が、いわば歴史的に積み重ねてきた「経験」、その「経験」がそれらを「定義」しているからだ、デフィニールしているからだ、と言ってよいのではないでしょうか。十七世紀に、その前のことは私は知りませんが、フュルティエール（Furetière）の「Dictionnaire universel」とか、「Le Dictionnaire de l'Académie Françoise」とか、そういう大きな辞書が出来て、きちんと用例まで挙って（ママ）いて、それ以来そのようにして踏み固められてきたものが、それらのフランス語の今日の使用の基底には大岩盤のように頑張っていて、それをデフィニールしているわけです。アランの『定義集』は、思想を盛り入れるべき容器としての言葉において、そういうもはや恣意的には動かしがたく踏み固められてきているものを、もっぱら自分のいわば守備範囲のなかでもう一度踏み固め直してみようとするための、アランが自らに課したエグゼルシスである、というふうに言えるのではないでしょうか。無論そこには、いかにもアランらしい、アランの生き方につながるような発言もちりばめられているのは事実ですが、言葉の今言ったような意味での地固め、地固めのエグゼルシスというところに、その最たる狙いがあったように思います。アランの専門家がどうお考えであるかは知りませんが、私には、そういうふうに感ぜられます。

日本語とフランス語

辻　いまおっしゃったフランス語の定義の明確さと堅固さは、個人の恣意的表現などをまったく許しませんね。そこからフランス人の言語感覚、言語表現の態度の中に、レトリック的に定式化したものを使うという意識が生れるのですね。あるものを描写する場合、僕らだったらその個々人が感じた感じ方を勝手気ままに表現している。しかしフランス人は言葉で言う型があるように感じます。具体的なエピソードをあげますと、はじめてフランスに行った頃パリの友人の家に呼ばれました。客間の壁にスウェーデンからもってきた古いサーベルがかかっていた。これをその前を通ったその家の娘が、このサーベルはスウェーデンの何々で、何々でと、色とか形とか、その由来を色々と説明してくれたんですね。そして今度は、しばらくたってお母さんがやってきて、まったく同じことを言うんですね、つぎにはお父さんが、そのときたまたま三回目で、同じことを同じ表現で言ったので、僕はその型にはまった表現の仕方にひどくおどろいたわけですね。感じ方も表現ももっと色々と各人各様であってもいいと思うのに、まったく同じ。もしこれが一般的なことだとしますと、それこそ存在するものについてこういう「定式」がすでにあるのではないか。もうそこらじゅうのものが言葉の形でできあがっていて、そういうもののトータルが頭の中にきちんと納められているのじゃないかしらと思ったんです。作文を書く場合にも、日本流の自由作文とか、生活綴方のようなものはなくて、まず文章の形を学ぶ。レトリックを学ぶのですね。ですから、その表現が正しく言えているかどうかは、書こうとする対象とか経験とかと関連して考えるよりは、文章の内部メカニズムとして考えられる。たとえばこれこれの名詞に、これこれの形容詞をつけるのは、許容されるか、されないか、という具合にしてですね。だからミーズ・オ・ポアンといって文法的にも語彙連結的にも表現的にも、ドンピシャリといっているかどうか、が作文の眼目になります。森先生もこの作文の基本についてはよく話しておられました。文学研究の方法でも、印象批評的、人生派的な日本の研究方法とはかなり違っていて、ある意味では、こうした表現の型を駆使してゆくような感じもします。発想機構の整備としての作文の意味は「霧の朝」の中に委曲をつくして書かれています。だからそれはフランス人にとってプラスの面とどうじにネガティヴな面もある。たとえば詩を作る場合にフランスの詩人は、ソネットを作るのに彫琢して何日も何日もかかって作る。マラルメのようなボードレールのような詩を考えると、そうした彫琢の結晶だと思えます。しかしイギリスの詩人が詩を作る場合、たとえばシェークスピアとかミルトンの『パラダイス・ロースト』とかの原稿はものすごく早く書かれ、消しがほとんどないと言われます。キーツとかワーズワースとかも、そういうふうな字句そのものを彫琢することはなかったということですね。これは詩を早く書く書かないの問題ではなく、英語とフランス語の言語に対する定義の仕方が、まったく違ってるんじゃないかと思わせる。いまおっしゃったように『定義集』が成り立つということは人生に対する言語によっての関係の調整というような意識があるんでしょうね。

所　あるかも知れませんね。『定義集』についてもう一つ付け加えて言っておきたいことは、定義語の取扱いにおいてしばしばその語源への顧慮がある、ということです。もっともこれは、アランに独特の志向というわけでは決してなくて、或る語の語源がその語の今日的な使用のなかになお生きて、息づいているからにほかならないわけですが、こういうことは日本語では稀でしょう。「木」を枠で囲い込んだところからくる「困る」という言葉の語源、これは厳密に言えば語源というより字源ですが、漢字は表意文字ですからそのままストレートに語源でもありますけれど、そういう語源を意識しながらこの言葉を使うということはまずないし、それで〝困る〟ことは少しもない。国字の「峠」でも、やはり同じことです。あるいは、感謝を表わす「ありがとう」は「有り難い」、つまり「有りにくい、容易なことではあることがない、滅多にない」というところからきていますが、この語をわれわれはそういう語源を普通は意識せずに使います。それはこの語がもはやそうしたその語源を離脱してしまっているからで、もしそういう語源に根ざしてこの語を用いたら、かえって変なことになってしまいます。ところがフランス語の場合ですと、たとえば定義語の一つの「ambition」を例にとれば、「歩き回る、巡回する」あるいは「頼みまわる」という意味をもつラテン語の動詞「ambio (: ambire)」に由来する名詞「ambitio」からそれはきていますが、「ambitio」の原義は「(ローマの官職応募者が、これを得んがために)歩き回ること」にあり、こうして「ambitio」とは、それを得たいという「是非なる望み」であり、そのために誰かと「昵懇になりたいという強い願い」です。「ambition」の項でアランが書いているところを、その語源に発するそういう原義への理解をぬきにして読んだら、アランが何か気のきいたことを言おうとして一ひねりも二ひねりもした物言いをしたがっているというふうにそこを受け取るということにもなりかねないでしょう。さっき、実は言い落しましたので……。お話しの流れを中断したみたいで申し訳ありません。どうぞお続け下さい。

辻 それからもう一つは、日本人とフランス人が同じテーマについて議論をするとき感じたことは――僕がそれを経験したのは、「日仏文化サミット」で「文化と企業」とか色々テーマが出たときでしたが――そのときに感じたことは、日本側の人たちは具体的な事柄から議論を起こしてゆきます。それはそれほど抽象化、一般化されない。たとえば日本政府は新しいメディアに対して、ほとんど無見識であって、予算をよこさないというような発想の仕方をする。表現の仕方、内容のレベルもその程度で終わるわけですけれども、フランス人の場合にははじめから抽象的な、哲学あるいは形而上学に近いような表現として発言されます。ですから、議論を聞いているかぎりではフランス人の方がはるかに重要なことを言っている、普遍化されているように思うんですけれど、実際は、フランス語そのものに具体的なものをいちいち通して考えるという機構が弱いんですね。むしろ今おっしゃったような定義がきちんと成り立っているために、まず具体的なものまで下がってゆく前にすでに抽象レベルで観念語の固まりとして論じてゆく……

所 フランス語と日本語とのそういう異質性、したがってフランス人と日本人の思考のそういう異質性ということは、デカルトの研究書などを読んでいるときにはあまり感じないですんでしまいますが、『定義集』みたいなものを読みますと、非常に強く感じます。森さんが『日記』のなかで、六八年四月十六日の日記ですが、「アランの『定義集』の翻訳に少し手を入れた。この美事な本を翻訳することはまず不可能だ」ということを書いていらっしゃる。どういう意味でそう言われたかはコンテクストの上からは判りませんが、この種の書物ではフランス語と日本語の異質性がにわかに表立ってくるということが、間違いなく、その理由の一つでしょう。フランス語と日本語の違いと言えば、どこかで森さんが書いていらしたことですが、フランス語の代名詞は文字どおりまさに代名詞であって、「il」はその前に出てきている男性名詞を指し、「elle」はその前にある女性名詞を指し、それら名詞に替わって機能する。ところが、日本語の「それ」や「あれ」は、代名詞と呼ばれているし、そういう働きも全くしないわけではないが、その第一次的機能は「そのもの」や「あのもの」の直接的な指示にあると、まあ、こんなふうの趣旨のことを書いていらっしゃいます。テクストを読むような授業をしていた時のことですが、「elle」が何を受けているのか判らないような訳を当番の学生がしましてね、「elleは何だ」という質ね方をしましたら、「ハイッ、彼女です」という答えが返ってきて、こちらがあわてたという憶えが私にもあります。日本人には、どうもやはり、「言葉」は「事の端」みたいなところがありますね。しかし、翻って言うと、問題はもっと手前のところにすでにあるようでして……。これも森さんからうかがった話でして、はじめてフランスに行ったときのことですから五六年から五八年の間の話ですけど、スズメはフランス語で言えば「moineau」ですが、フランス人が「moineau」と言うときに考えているスズメというのは、日本人が「スズメ」というときに考えているスズメとは違うって言われましてね。そう言えば、フランスのスズメの方がずっと大きいんです。森さんによると、日本のスズメは大陸のこういうスズメに追い出されて半島伝いに日本の方に逃げてきたスズメなんだそうで……。真偽のほどは判りませんが、五六年、五七年頃に日本で見慣れていたスズメとは確かに大きさが違っていました。この頃は日本のスズメも栄養がよくなって、だいぶ大きくなったみたいですが。具体名詞がすでにそうだとしますとね、抽象語の場合は一体どういうことになるんだろうと、空恐ろしい気がします。

経験を言語化してゆく努力

辻　それは本当にその通りですね。たとえば単に「胸」という言葉にしても、フランス語(poitrine)と英語(breast)と同じようですけれど、その指示する部分が微妙に違いますね。こんな小さなことがそうであるとすれば、言葉全体というのはいかにズレてるかということになります。ハイデッガーが、『アナクシマンドロスの言葉』のなかで、アナクシマンドロスを現代語に訳すということよりも、ギリシャ語で読んで、その当時のあらゆる階層が使った言葉の使い方の中に入って言葉を読み解くことによって、自分のなかに、言葉によるひとつの経験の領域を作ってゆくべきだといっています。そうした経験の領域で読む以外に思索を思索することはできないのではないか、という言い方をしています。それは森さんの「経験」と「定義」の関係をそっくりそのままあてはめられると思うんですね。森さんは『パリの生活の一断面』の中で「文法以前のフランス語の中に生きていることが絶対に必要なのです」と傍点をふって強調されていますね。ですから、翻訳の場合には、その翻訳者が、その言葉によって経験している領域がありますね――特に文学の場合そうだと思うのですけれど――そういう経験を日本語で創作してゆくということでかなり近いものができるのではないかという気がします。だから原文と並べてみると、どうしてこの言葉がこういうふうに訳されているか全くわからないということも起るけれども、本当はその方がより正確なのではないかと思うのです。

所　ただ、私どもがそういうことやったら、あいつ誤訳しやがったって、言われかねない。

辻　もちろん程度の問題で、文学の場合でもいくら創作といっても、本当に創作になったら変なことになってしまうと思います。でも、これからの色々な異文化との接触が盛んになる場合、やはり母国語で外国語を追体験するというのではなくて、外国語のなかで経験の領域を広げてゆくことが大切なような気がしますね。

所　おっしゃるとおりだと思います。思想の場合、思想を学ぶという場合には、手で摑んだり目で見たりすることのできるようなものではないわけで、要するにテクストを読み込むということを措いては、学びようがない。しかもこれは、どんなに名人、達人になってもそれを怠ってはいけない剣道の素振りみたいなことで、日々これを欠いてはならないことだと思いますね。テクストを、そのテクストを書いた人が書いた言語で読まなければ、テクストのテクスチュールは、本当のところ、判らない。『純粋理性批判』を翻訳で全部読んで、あれこれ弁じ立てても、そんなことは何にもならない、大切なことは原書で一行でも、たった一行でも、読んでみることだ、という意味のことを森さんが言われているところがあります。「経験」ということを言われるとすれば、至極当然のことでして、原書による経験と訳本による経験とは、全く別個の経験ということになるでしょう。『定義集』の訳書の

「あとがき」替りの対談のなかでこんなことを言っては、少々差障りもありそうですが……。

辻　僕はむしろ『定義集』の翻訳は、日本語にある刺戟を与えるという意味でとても大切な仕事だと考えています。これは何も身贔屓でいうわけではないんです。日本語の場合発想の根底に経験の言語化のメカニズムの脆弱さがありますね。経験したことを材料にして、一つの真理、普遍的なものに高めてゆく努力——言葉のなかにそういうものが含まれているはずなんですけれど——がやはり非常に弱いと思います。外国語をやった人と外国語を知らないで翻訳だけでやった人とでは、そのことからも、どこか本質的に違っているところが出てくる。たとえば美術史なら美術史、歴史なら歴史、倫理なら倫理をやっても、そういう相違が出てくるんじゃないかという気がします。日本語のなかに本質的に絶えず発語してゆく力、経験を言語化してゆく力を養う必要があるんじゃないでしょうか。たとえばアランを読むということは、そういうヨーロッパの自分の経験に即しながら語っている人たちを読む場合の参考になるんじゃないかと思いますね。日本人の話をきいていると、たとえばせっかくイタリアに行ってきても、「イタリアどうでしたか」と聞くと「イタリア、素晴らしかったですね」で終ってしまうことがとても残念ですね。だからそれを具体的に「素晴らしい」という定義を構成するところの個々の様々な経験を集積してゆくような……

所　分節化してゆく……

辻　そう、分節化してゆくような話し方、発語法をぜひ作りあげてゆきたいと切に思いますね。

所　それではこのあたりで……。本日はありがとう存じました。それに、十年前のお約束も、プライベートなことではありますが、こういう形で果すことができまして、私には望外の一刻でした。

（つじ・くにお　小説家）
（ところ・たけふみ　哲学研究者）

著者略歴

(Alain, 1868-1951)

本名 Emile Auguste Chartier．1868年ノルマンディーに生れ，ミシュレのリセ時代に哲学者J．ラニョーの講義を通して，スピノザ，プラトン，デカルト，カント，ヘーゲル等を学ぶ．エコール・ノルマル卒業後，ルーアン，アンリ4世校などのリセで65歳まで教育に携る．ルーアン時代に「ラ・デペーシュ・ド・ルーアン」紙に「日曜日のプロポ」を書きはじめたのが，彼のプロポ（語録）形式の初めである．アランの人と著書については，アンドレ・モーロワの『アラン』（佐貫健訳，みすず書房，1964）に詳しい．邦訳されたものとして，本書のほか，『デカルト』（桑原武夫・野田又夫訳，1971）『プロポ』1，2（山崎庸一郎訳，2000，2003）『アラン 芸術について』（山崎庸一郎編訳，2004）『小さな哲学史』（橋本由美子訳，2008，いずれもみすず書房）などがある．

訳者略歴

森 有正〈もり・ありまさ〉 1911年東京に生れる．1938年東京大学仏文科卒業，卒業論文はパスカル．その後同大助教授をへて，1950年8月，戦後初のフランス政府給費留学生として渡仏．この時以降，一時的な帰国をのぞき，日本に戻ることはなかった．パリでは国立東洋語学校およびソルボンヌで日本語，日本文学を講じ，1972年からはパリ大学都市日本館の館長をつとめた．『バビロンの流れのほとりにて』をはじめとする一連の著作は，経験と思索を独自の言語表現にまで高めたものである．1976年10月18日，パリで逝去．著書は『森有正全集』（全14巻・別巻1，筑摩書房，1978-82）にほぼ収められている．訳書には，デカルト『真理の探究』，パスカル『幾何学的精神』（ともに創元社，1947），アラン『わが思索のあと』（思索社，1949）ほかがある．

アラン

定義集

森 有正 訳
所 雄章 編

1988年5月16日　初　版第1刷発行
2019年7月9日　新装版第1刷発行

発行所 株式会社 みすず書房
〒113-0033 東京都文京区本郷2丁目20-7
電話 03-3814-0131(営業) 03-3815-9181(編集)
www.msz.co.jp

本文印刷所 精興社
扉・口絵・表紙・カバー印刷所 リヒトプランニング
製本所 松岳社

ISBN 978-4-622-08837-0
[ていぎしゅう]